OHSAMA BUNKO

何を着るかで人生は変わる

しぎはらひろ子

三笠書房

はじめに

無理なく、品よく、心地よく。私たちらしいおしゃれを楽しむために

ふと鏡の前に立って、以前なら迷わず手に取っていたはずの服が、「なんだか、自分らしくない」「いまいち、しっくりこない」気がする……。

あなたもそんな不安を感じたことはありませんか？

50代になると、顔つきも体型も、若い頃とは異なるものへと容赦なく変化して、似合うファッションも自然と変わるのです。

「流行だから」「販売員さんにすすめられたから」「セールだったから」と、なんとなく買い物を繰り返し、クローゼットはいつのまにか服でパンパン状態。

それなのに、「着る服がない！」と嘆いて、また買い物へというループ……。

なぜでしょうか。

それは、若い頃のままの延長で、ファッションと「なんとなく」付き合っているから。だから、今までの服に違和感を抱くのです。


でも、もう大丈夫です。

本書を読めば、あなたは「自分に合う服」がわかり、クローゼットから何を捨てればよいか、何を買えばよいかが、はっきりとわかります。


こんにちは、しぎはらひろ子と申します。

実は、あなたと同じように、私のところには50代以上のファッション迷子さんたちがたくさん相談にやってきます。

そして、セミナーや講座を受けた98%の人の感想は、これです。

「もう、無理しなくていいんですね。好きな服だけで生きていきます」

「プチプラ服も、大人らしい小物でちゃんと格上げできますね。大発見です」
「大人だからこそのファッションとの付き合い方で、毎日ごきげんです」

年齢を重ねた今だからこそのファッションの楽しみ方、体型やライフスタイルに合った服選び、そして小さな冒険を楽しむ遊び心。

この本にはそんなヒントをたっぷりと詰め込みました。

◆「カプセルコーデ」で「何を着て生きていくか」が明確になる

かく言う私も、50代を迎えた頃、スランプに陥りました。

長年アパレル業界に身を置き、日々、セミナーの受講生やパーソナルスタイリングのクライアントにアドバイスする立場でありながら、「今までの服が、どうしてもしっくりこない」と、感じることが多くなったのです……。

年齢とともに体型や好みが変わり、以前は似合っていた服が、今は少し違うと感じる。「流行の服もいいけれど、今の私に似合う服って何だろう?」と考えることが増えました。そして、一念発起しました。

「タンスの隅に着ない服が溜まっているのはもういや」

「だから、服はすべて一軍のスタメンだけにしよう!」

クローゼットの中身を見直し、本当に自分に似合うもの、自分が大切にしたいものだけを残していく。

それは、**ファッションに限った話ではなく、これから「何を着て生きていくのか?」という人生計画にもなる**のです。

自分らしいもの以外は手放すことで、それらと引き換えに、「私は私らしくある」という自信と自由を得ることができます。

それを簡単に実現できるのが「カプセルコーデ」です。

シーズンごとに本当に必要なアイテムを厳選し、シンプルかつベーシックな服を中心にクローゼットを整える方法です。自分に必要なものだけを少しずつ丁寧に選んでいくことで「必要なものを残し、不要なものを手放す」ということが驚くほどスムーズに実現します。

私自身、この「カプセルコーデ」を完成させ、大量の服を手放せたことで、本当に大きな気づきがありました。

「これからの人生に必要な服は、こんなに少しでいい」

ということに驚き、感動しました。国内や海外へのひとり旅も増え、持って行く服の数も減ってスタメンばかり。旅行の荷物がコンパクトになり、より身軽にアクティブに動けるようになりました。

この「カプセルコーデ」については、5章で詳しくお伝えしますね。

◆人生が変わるファッション体験を、今こそいっしょに！

　私がこれまで仕事で出かけたパリ、ロンドン、ミラノ、ローマ、ナポリなど、ヨーロッパの行く先々で驚いたのは、現地の人々が、少ない服をムダなく上手に着回していたこと。

　そして、年齢を重ねた50代・60代のマダムたちがフューシャピンク（紫がかった鮮やかなピンク）やイエロー、サックスブルーなどの明るく華やかな色を身につけていたこと。とくに、顔まわりのスカーフやストール、キラキラ輝くゴージャスなアクセサリーを惜しげもなくつけこなしていたこと。

　60代を迎えた今、その理由が本当によくわかりますし、私自身のファッションも、彼女たちのクローゼットに近くなったと思います。

本当にお気に入りの服と、今の気分を楽しむプチプラ服。

自信を与えてくれるブランドものと、選《え》りすぐりのアクセサリー。

ナチュラルメイクに彩りを与えてくれる、華やかな色のストールやスカーフ。

柔らかな素材で動きのあるデザインの服、身体にフィットしすぎないリラックス感のある服。そこに、少し個性的なアクセサリーを加えたり、上質な靴やバッグを合わせてみたり……。

シンプルだけれど、どこか自分らしさ、その人らしさを感じられるスタイル。

それこそが、50代からの女性にこそ似合うファッションだと思うのです。


人生100年時代、くすんでなんか、いられない！

だって、今日が人生で一番若い日なのですから♪


50代も60代も、まだまだ人生の通過点。

日々、〝経年劣化〟が進み、くすみやシミ・シワは避けては通れません。

でも、だからこそ、「おしゃれ心」が大切です。

あなたに「無理なく、品よく、心地よい」ファッションのヒントを、お伝えしていきますね。

しぎはらひろ子

もくじ

1章

「何を着るか」で、人生は変わる
……「私らしく幸せ」になる服の選び方

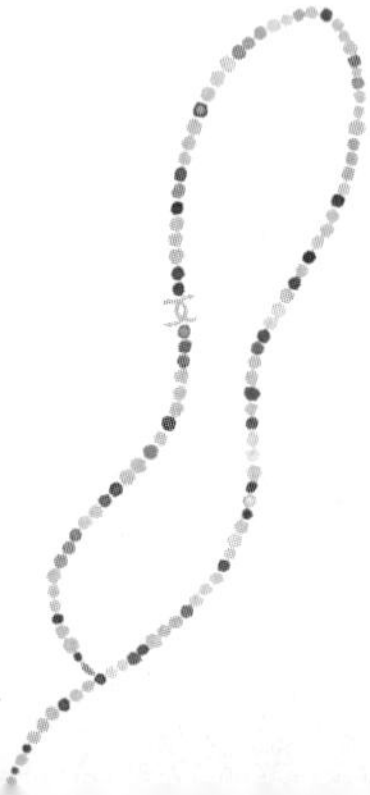

2章

素敵な大人は「品よく、おしゃれ」

……すべての服には「イメージ」と「役割」がある

3章

「あの人、素敵」になるヒント
……もっと早く知りたかった! このおしゃれ理論

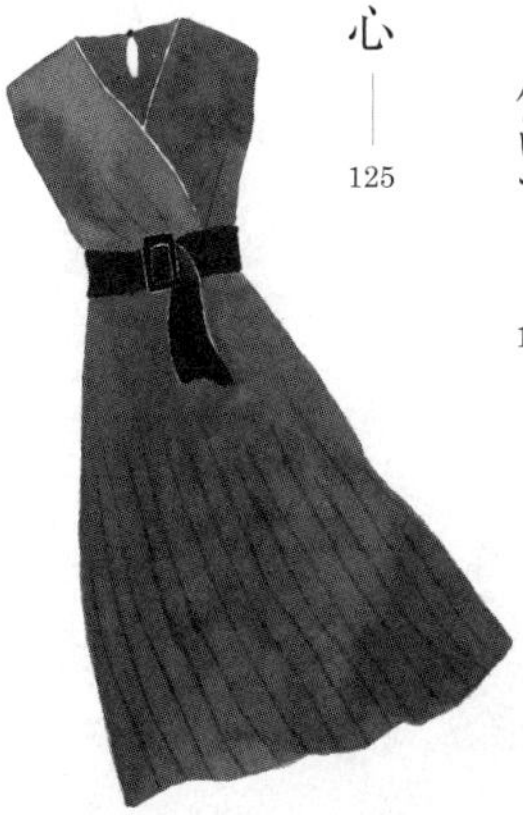

4章

小物選びが「おしゃれの決め手」

……自信と元気をくれるスパイス小物を！

5章

理想のクローゼットが作れる「カプセルコーデ」

……「一軍だけ」の服で、もうコーディネートに迷わない！

本文イラスト／カトウミナエ、正田えり子
本文ＤＴＰ／株式会社Ｓｕｎ Ｆｕｅｒｚａ

1章

「何を着るか」で、人生は変わる

……「私らしく幸せ」になる服の選び方

時代は「コンサバ」から「カジュアル」へ

今日、あなたはどんな服を着ていますか？　足もとはヒール？　それともスニーカーですか？

かつて、「お出かけはヒールでエレガントに」がマストだった私の足もとも、近年はペタンコのバレエシューズや、キラキラモチーフがついたスニーカーが多くなりました。

50歳を過ぎたあたりから、高いヒールの出番はほとんどなくなり、歩きやすく、疲れない、でも気持ちが上がるおしゃれな靴にとって代わったのです。

あなたはいかがでしょう。「ヒールの出番が減って、なんとなく、ファッションの〝基準〟が昔とは変わってきている」と思いませんか？

以前は「きちんとした格好」が大事で、ビジネスシーンでもプライベートでも、キレイめで少し堅い服装が主流でしたよね。

でも、今はファッションの価値観が変わってきて、**もっと「自分らしく」「気楽に」着こなすスタイル**が人気になっています。時代とともに、私たちを取り巻く環境も、装いも大きく変わりました。

コロナ禍や気候変動により、ビジネスシーンの服装がカジュアルになった影響も大きいでしょう。とくにリモートワークが増えてからは、スーツやジャケットが必要ないことも多くなり、服装に対する縛りが緩くなりました。

結果、世間一般でリラックスした服装の人が増え、ファッション自体が「もっと自由にカジュアルに、自分らしく心地よく」という時代に変わってきたのです。

SNSでの発信も、ファッションのスタイルを大きく変えました。

若い世代だけではなく、幅広い世代の方々が「こんなスタイルが心地いい」「これが私らしい」と自由に発信している姿を見ると、私たちも「もっと自由でいいのだな」と勇気が湧いてきますよね。

周囲に合わせるのではなく、今の自分に似合うスタイルを見つけて、自分らしさを大切にすることもファッションの醍醐味なのだと、今あらためて思います。

長年の慣習や「こうあるべき」に固執《こしつ》せず、気軽に自分らしいスタイルを楽しむことが、今の時代にはマッチするのではないでしょうか。

そもそも、「ファッションは時代の気分を表わすもの」。ファッションの歴史をたどると、時代の変化と連動して服装も日々進化しているのです。

ですから、「コンサバ」から「カジュアル」になったのは、今という時代だからこその自然な流れなのです。

若い頃のコンサバなファッションには安心感があり、ある種の「こうでなくてはいけない」というおしゃれの制約があり、私たち世代はそれを楽しみながら学んできたと思います。カジュアルな服装は若い人のものだとか、きちんとした場面では必ずジャケットが必要などといった、暗黙のルールもありました。

でも、そのルールは時として私たちを縛る「古い概念」になることもあるわけです。今それらの**古いルールを手放し、自分のファッション感覚をアップデートする時期**なのです。

ずっと慣れ親しんできたスタイルから離れるのは少し勇気が要《い》るものですが、「新しい自分に出会う」という素敵なサプライズもあるはずです。

◆ファッションは「自分の心を映す鏡」

年齢や環境が変われば、そのスタイルも少しずつ変化していくものです。

「はじめに」でも触れましたが、長くファッションの仕事をしているはずの私も、50代を迎えた頃、それまで着ていた服がなぜかどうもしっくりこなくなって、

「人生の後半、50代から何を着る？」と、すごく考えました。

本来、服について考えることは、「どんな自分で、どのような人生を生きていくか？」を考えながら、自分を進化させること。

だから、自分の価値観を大切にしつつ、型にはまらないファッションを楽しむことで、より自由で、華やかな毎日を過ごせるはず。新たな色やデザイン、カジュアルなアイテムにも挑戦することで、きっと新鮮な自分を発見できるはずです。

年齢や経験を重ねた今だからこそ似合うファッションというものは、想像以上に多様で豊かだと思うのです。

古いルールや「こうあるべき」という思い込みをそっと解き放ち、自分らしく、カジュアルで自然体なスタイルを楽しんでみましょう。

新しいスタイルで、とにかく、今の自分をもっと自由に表現してみませんか。それこそが、あなたがあなたらしく、毎日をごきげんに、そして快適に過ごすコツなのです。

「必要な服」は、こんなに少しでいい

「いつも同じ服だと、やっぱり気になる」

「流行の服でなければ、おしゃれじゃない」

「パーソナルカラーは、この色。この色以外は似合わない」


あなたは、こんなふうに思ったことはありませんか？

また、

「服のバリエーションを増やさなくちゃ」

「服はうまく着回さないとダメ」

と思っている人も、とても多いですよね。

でも、こうした思い込みに縛られて、心と身体のエネルギー、そしてお金を浪費するなんて、もったいない！

あなたが自分らしく輝いて生きるために、そして仕事も家庭も子育ても、趣味も旅行も……つまり〝人生のフルコース〟を存分に楽しむために必要な服は、実はそれほど多くはないのです。


クローゼットを覗《のぞ》いてみてください、きっとその中には、もう手に取ることのない服や、持っていたことさえ忘れている服が並んでいませんか？

なぜなら、私をふくめバブル時代を経験した方たちは、たくさんの服を持っていることこそが豊かさの証《あかし》だ、というマインドを持っていたから。


でも、そんな時代も、今は昔。年々、悪化する地球環境の中、ムダな消費を減らし「持続可能な未来」へと社会が大きくシフトしています。

大量生産・大量消費の時代を見直し、少ないながらも大切なものを意思を持って選びとる。私たちは、そんな日々の中にある、本当の豊かさに気づいているのではないでしょうか？

私も、長年大切にしているアクセサリーを丁寧《ていねい》にお手入れしたり、「今年もありがとう、また来年もよろしくね」と季節の終わりに手洗いして、物干しハンガーで風に揺れるワンピースを眺めたりしながら、「この時間こそが、本当の贅《ぜい》沢《たく》なのかもしれない」と思うようになりました。


心から好きな服、よく着る服、そして自分にとって快適な服。

この3つが揃《そろ》えば十分だと気づいたのです。

クローゼットにある服がすべて「大好き」と言えるものだったら、選び抜いた服には愛着が湧き、それを大切に着ることで何気ない生活の一瞬一瞬が特別に感じられるようになるのです。

少ない服で満たされると、そこに新たな楽しさが見えてくる。

毎日着る服に心から満足できれば、自信を持ってお出かけできる。毎朝、毎シーズン、服を手に取るたびに、「これは本当に必要なのか」と問いかけてみてください。その問いが、きっとあなたの生活に新たな視点と幸福を運んできます。

◆「いつもと同じ服」でも大丈夫

いつも同じ服を着ていても、大丈夫。

それは、ファッションの自由度が高く、個人のスタイルが尊重される時代だからです。

いつも同じ雰囲気のファッションで人前に出るということは「自分のスタイル」を持っていることを示し、その人らしさを際立たせます。これにより、周囲から「○○さんらしい」と認識され、そのことが、自然と自信や自己肯定感につながります。

さらに、**「今日は、何を着たらよいか？」といちいち悩む、心理的負担が少なくなるのもメリット**です。毎回、新しい服を選んで着るというのは、多くの時間とエネルギーを要します。それをなくすことで、ほかの大切なことに時間と労力を向けられる。そして心に余裕が生まれるというわけです。

たとえば、仕事の準備や趣味、家族との時間をより充実させることもできます。

Appleの創始者スティーブ・ジョブズが、イッセイミヤケのタートルネックセーターをトレードマークのように着用していたことや、Facebook（現Meta）の創始者マーク・ザッカーバーグが毎日似たような服装を選んでいたことが、彼らの集中力や効率性を高めることにつながったと言われています。

社会的にも、トレンドにとらわれない人が増え、服の多様性や選択の自由が尊重されています。自分が選んだ服を堂々と着続けることで、他人から見た印象も変わって、〝より魅力的で芯のある人〟と好印象で受け入れられることが増えているのです。

私もセミナーや打ち合わせの時のファッションは、あらかじめコーディネートした数パターンを状況に応じて選んでいます。連続講座の時は、あえて毎回、同じ服を着ることも多くなりました（このテクニック「カプセルコーデ」は5章で詳しくご紹介します）。

また、同じ服を着続けることは、地球環境にも優しい選択。少ない服を長く着ることによって環境負荷を軽減できます。自分の好きな服を何度も着ることによって、「自分は地球にも優しい選択をしている」という満足感も得られるでしょう。

ライフスタイル全体の意識を変えることや、同じ服を着続けることで、アイテム個々のストーリー性が強くなり、愛着が湧きます。その結果、服を着るたびに自信や安心感を得られ、少ない服でも楽しく充実したファッションライフを送れるのです。

毎日を幸せに楽しめる服の条件

「お出かけしなくちゃ」と、服に袖を通した瞬間、「あっ♪　なんかすごく気分が上がった」と感じたことはありませんか？

予想もできないような様々なことが起こる毎日、時には気持ちが落ち込む日もありますよね。そんな時のために「いつでも幸せな気持ちにしてくれる服」をクローゼットに揃えておきたいものです。

私は50歳を過ぎてから、購入するのは「自分らしく、着るだけで気分が明るくなり、着心地がよくて疲れない服だけ」という「ファッション・クレド」を決めました（クレド（Credo）とは、ラテン語で「志」「約束」「信条」を意味する言葉)。なぜなら、クローゼットの中に「着ない服」を入れたくないからです。そうならないために、購入前に必ず確認する「ファッション・クレド＝5つのチェック項目」を作りました。

1．好きな色や似合う色を取り入れた服

好きな色や似合う色を着ると、不思議と気分が晴れやかになります。たとえば明るく華やかなピンクや光沢のある白は、一瞬で顔色をよく見せてくれます。また濁りのないクリーンなサックスブルーやミントグリーンはナチュラルで爽やか、清潔感のある大人な雰囲気で包んでくれます。

2．柔らかくて心地よい素材

柔らかく、肌に優しい素材でできた服は、心地よさを与えてくれます。シルクやウール混の素材を身につけると所作も丁寧になり、心にゆとりを与えてくれます。

3．付かず離れずのサイズで、シルエットがキレイに見える服

締めつけすぎず、かつシルエットが美しく見える服が理想的。身体のラインを拾わないワンピース、ウエストが少しだけ絞られたデザインや、緩すぎないパンツなど、程よいフィット感が小さな自信を引き出してくれます。

4．お気に入りの服や小物、少しだけトレンドを入れたデザイン

日常の中に特別感を添えてくれるお気に入りを身につけることは、自分だけの幸せの瞬間でもあります。アンティークの指輪やジュエリー、小さな刺繍《ししゅう》やレース、シックなボタンなど、細部に工夫が凝らされていると、着るたびに少しときめきを感じますよね。また、シーズントレンドの色やデザインをほんのワンポイントで取り入れると、全身に風を纏《まと》うような、フレッシュな気分になれます。

5．動きやすく、着ていて疲れないストレッチ素材

普段の生活にしても趣味にしても、アクティブに動くことも多いですよね。

動きやすさを叶えるためには、伸縮性が大切。カジュアル化とともに増えているのが、ストレッチ素材でもおしゃれに見える服。ワンピースやトップスなど、身体にフィットしつつ動きやすいシルエットを。

この「クレド」を守ることで「衝動買い・なんとなく買い・いつか着るかも買い」がまったくなくなり、買い物のムダが驚くほどなくなりました。

自分の心地よさや好みに寄り添う、この5つを基準に少しずつ入れ替えてきた服たちは、クローゼットの奥に押し込まれることなく、日々、私のために第一線で働いてくれています。

◆ファッションは「自己肯定感」を上げる

自分にフィットした、「幸せな瞬間をともに過ごしたいと思える、本当に必要な服だけを残す」という気持ちで、もう一度、今持っている服を見直してみてください。

「着るだけで気分が明るくなり、自信を与えてくれる服や小物」を厳選したら、きっとそんなに多くはないと思います。値段が安かったからなんとなく欲しくなって衝動買い、いつか着るかもと思った、などなど、あなたも「出番の少ない服」を意外とたくさん持っているのではないでしょうか？

タンスの肥やしは、もう必要ありません。

本来、私たちにとって毎日の服選びは、心が軽くなり、自然と笑顔がこぼれる瞬間——心を彩る魔法のようなものであってほしい。特別な場でなくても、ほんの少し心を向けるだけで、服が私たちに与えてくれる力に気づくことができます。

ふんわりと肌に優しく触れる柔らかい素材、心を弾ませるような色、思わず背筋が伸びる上品なデザイン。あなたも、そんな服たちを着て「今日も素敵な日になるかも」と心がワクワクした経験があると思います。

心が疲れた時、気分が少し沈んでいる時、いつもより明るい色や肌ざわりのいい服に包まれると、気持ちが解き放たれていくのを感じられるでしょう。そんな時、服がそっと「大丈夫、あなたらしくいていいのよ」と語りかけてくれるような気がします。

好きな服に身を包むと、人の心によい影響を及ぼすということは、誰もがなんとなく感じているのではないかと思いますが、実はこれは脳科学的な検証結果にも出ていて、**ファッションの知恵と力が自信や幸福感を上げるという働きが認められています。**※そして、そのポジティブなエネルギーがまわりとの素敵な縁や心の通い合いをサポートしてくれるのです。

服が持つ不思議なパワーで、私たちの日常の中に小さな幸福をたくさん見つけることができます。あなたの心が「これだ！」と直感的に訴える服。そんな服こそ、あなたに幸せを運んでくれる魔法の一着なのです。

これからは、自分に合った色やスタイル、心地よい素材、そして少しの遊び心によって幸せに導いてくれる服で、毎日の生活の質を変えていきませんか。

※月額制ファッションレンタルサービス『airCloset（エアークローゼット）』を提供する株式会社エアークローゼットは、脳科学者である東北大学・瀧靖之《たきやすゆき》教授と共同で、ファッションを楽しむことを通した気持ちの変化を研究するプロジェクト「Fashion Wellness Project」を実施。その研究成果に関するホワイトペーパー（報告書）を公開しました（https://corp.air-closet.com/news/press-release/241101/）。

「流行」はある。流行の前に「自分」がある

服というものは、あなたの毎日に寄り添い、あなたを励まし、「ここぞ」という大切な場面であなたの背中を押してくれるもの。

でも一方で、そんな素晴らしいパワーを秘めた服たちも、あなたを素敵に見せてくれる服、あなたが心地よく着られる服、そして「あなたらしさ」を引き出してくれる服でなければ、その力を発揮しようがありません。

新しい服を選びにいく時は、誰もが心弾むものですよね。

試着室の鏡に映った自分の姿を見て、

「このブラウスは、あのスカートに合わせられるかな」

「このワンピースを着ると、ちょっとやせて見えるかも」なんて自分と対話しながら「新しい自分」「昨日と違う自分」にうれしくなって、なんとなく衝動買いしてしまうこともあるでしょう。

でも、しばらくすると、クローゼットの前でため息をつくことになるのです。

「こんなにたくさん服があるのに、今日着ていく服がない」

「なんだか、どれもいまいち。気分が下がる服しかない」

「太って見える服ばっかり」と。

それは、「自分を素敵に見せる服は何か」が、しっかりとつかめていないから。

だから、また「自分に似合う服」を探して、ファッション迷子になるのです。

ここで少し、衣服の歴史をひもとくと、「着る＝寒さ・暑さから身を守る」「装う＝何者であるかを示す」という役割があり、そこから現在に至ります。

そして私は、本当にその人を輝かせる服とは、

「着る（＝寒さ・暑さから身を守る）」ものではなく、
「装う（＝自分らしさを演出する）」ものだと考えています。

ですから、単に「寒さ・暑さから身を守る服」ではなく、「自分らしさを表現する服」を選びましょう。「時季」や「トレンド」はもちろんありますが、**流行の前に、まず「自分」があるのです。**

私は、主宰するセミナーで「服を通して自分らしさを表現する方法」や「自分らしく、私スタイルのある服」を教えたり、起業家の女性や会社経営者の男性のスタイリングも手がけたりしています。

私のスタイリングを受けた人は、
「自分が何を着たらいいのか」
がわかるので、自分に似合わない服を手放せます。

そして、スッキリとして快適なクローゼットの前でいつもサッとスムーズに服を選ぶことができるようになり、自分を素敵にしてくれる大好きな服で、毎日を気分よく過ごしているのです。

あなたも、そんな毎日を送ってみたくはありませんか?

◆「診断」はあくまで参考程度に

さて、ファッション迷子になってしまった時、「ファッション診断」は、色選び・体型別に似合う服などのアドバイスを提供してくれる便利なツールです。

でも、それらは〝参考程度〟に受け止めるのがよいでしょう。

なぜなら、多くの診断は、一般的な基準に基づいて作られています。あなたの個性や好み、ライフスタイルを完全に反映しているわけではありません。診断が提案する「似合う色」や「理想のスタイル」は、同じ分類のグループの誰かと同じような結果になるのです。

あくまで診断結果は、「ちょっと試してみようかな」くらいの気軽なスタンスで。ちょっと新しい視点として「こういう考え方もあるのだな」という参考データのひとつとして。試しに取り入れてみて新鮮だと感じることがあればラッキー、くらいの気持ちで受け取ればよいでしょう。

色やデザインにこだわりすぎるよりも、**あくまで毎日を楽しく過ごせて、心が明るくなる服を選んでください。**自分の感覚や好みを大切にしながらファッションと向き合うことで、結果的に「自分らしいファッション＝スタイル」が見つかります。

年齢を重ねるごとに、自分のスタイルを楽しめるようになるのです。

ファッション診断は、そのお手伝いをしてくれるサンプルのひとつに過ぎません。

歳を重ねてこそ「私らしさ＝スタイル」になる

若い頃は、流行に流されがちだったり、誰かに憧れてその人の真似をしてみたり、あなたもそんなふうにファッションを楽しんでいませんでしたか？そして、気づくとクローゼットには服がぎっしり。「似合う服がない」と思ってまたお買い物へ……。

でもそれは、あなたが繰り返してきた、大切なファッションの練習。
50代にもなると、身体も心もいろいろな経験を経て少しずつ変わってきますよね。それは、自分にしか持ちえない「私ならではの好みやこだわり」ではありませんか？

無意識に手に取るものが、どこかに可愛らしい手仕事が感じられるエスニックテイストだったり、レースやキラキラが可愛いパリ風だったり。

ファッションでもインテリアでも、どこかに「私のこだわり」や「似合うか、心地よいか」を無意識に重ねているはず。

服装や髪型だけではなく、日々の選択や考え方、そして生き方がスタイルになっていきます。たとえば、物事を「ほどほど」に楽しんだり、失敗しても「まあ、これも勉強だ」と笑い飛ばすとか。そんな**柔軟さや余裕も、この年齢だからこそ身についてきた**のだと思うのです。

先ほどご紹介した、私が悩んで導き出した「ファッション・クレド」も、私が幸せに生きていくために大切なものです。

大人世代のあなたにもきっと、長い年月かけて培《つちか》われてきた「しなやかさ」があると思います。それは若い頃の勢いとも違い、少し落ち着いていて、力を入れすぎない美しさです。

◆見栄やプライドは捨ててしまおう

私たちは、自然体でいることの大切さや、自分を優しく労《いた》わることのよろこびも知っていますよね。これからの人生も、「自分のスタイル」をさらに磨き上げていく旅だと思うのです。

流行やトレンド、誰かの価値観に、自分を合わせる必要はありません。

今の自分を大切にしながら、毎日を楽しめることこそが、年を重ねた女性だからこその「素敵な生き方＝スタイル」なのだと思います。

「世間の常識に縛られて、人様からどう見られるのか？」を最優先するあまり、あなたは自分の気持ちを後回しにしてきませんでしたか？

「見栄やプライド」を捨てると、身軽になり、やりたいことや好きなことに真剣に向き合えるようになります。その先に待っているのは、ほかの誰のためでもなく、自分のためのバラ色の人生です。

「見栄やプライド」の重圧からそっと解放されることで、ファッションを純粋に楽しむことができるはず。

自分を満たし、喜ばせるために服を選ぶことは、「自分の人生」を肯定し、愛することにほかならないのです。

頑張りすぎない「キレイめカジュアル」を軸に

50代からの女性にとって、ファッションは「自分らしさ」と「心地よさ」、そして「清潔感」が重要なキーワードです。

日々、身体的に〝経年劣化〟が進み、くすみやシミ・シワが気になってくるものですが、だからこそ、「キレイめ」な印象は必須でしょう。

とはいえ、昔のように完璧を目指す必要はありません。

頑張りすぎずに、**あくまで自然体でカジュアルに生活を楽しむ「キレイめカジュアル」スタイル**は、上品でありながらリラックス感を大切にできる、50代からにとってピッタリなファッションだと考えます。肩肘張らずに日常を快適に楽しむためのスタイルとして、とてもおすすめです。

「自分らしいスタイル」が確立される私たちの年代。流行に左右されるよりも上品さと快適さのバランスを取りながら、マイペースにおしゃれを楽しみたいと感じている方も多いのではないでしょうか。

その点、「キレイめカジュアル」は、気負わず上品に見えるのが魅力。仕事や家事、趣味に忙しい日々の中で、「何を着るか」で悩む時間を減らしつつも、きちんと感を出したい時に、シンプルで洗練されたデザインが役立ちます。

たとえば、無地のブラウスや落ち着いた色合いのニット、ストレッチが効いて動きやすくシルエットのキレイなパンツやスカートといったアイテム。

少しゆったりとしたトップスに細めのパンツを合わせたり、シンプルなワンピースにお気に入りのアクセサリーやスカーフをプラスしたり。特別に着飾るのではなく、さりげないアクセサリー使いで遊び心をプラスしたりすると、ナチュラルなバランスが洗練されたエレガントな印象につながります。

清潔感と自分らしさを大切にし、何か特別な日だけのためでなく、日々の暮らしの中で自然体で品よくいられるファッション。「キレイめカジュアル」は、**毎日を心地よく、そして前向きな気持ちで過ごすための知恵なのです。**

◆「お気に入り8割、トレンド2割」で幸服に

「キレイめカジュアル」のメリットは、上質で長く使えるアイテムが揃いやすい点にもあります。

たとえば、シンプルでベーシックなカットソーやカーディガン、ワンピースやチュニックは、世間のトレンドが変わってもずっと着続けることができますし、クローゼットを開いた時、厳選されたアイテムが並んでいると、ただただ気持ちが豊かになります。

お気に入りの服が自分に寄り添ってくれる感覚は、日々の暮らしに安心感を与えてくれるものです。

一方で、時にはファッションに新しい風を吹き込むことも必要です。時々のトレンドアイテムを上手に取り入れるのが効果的ですが、「ベーシック8割、トレンド2割」のバランスが理想でしょう。

ほんの少しのトレンド要素（色・デザイン・シルエット）をアクセントに加えるだけで、無理なく上品で今っぽい印象が作れます。

なじみのベーシックなアイテムを主軸に、旬なカラーやデザインを2割ほどプラスするだけで、時代性をキャッチした新鮮さと自分らしさを両立できます。

また、「ベーシック8割、トレンド2割」なら、頻繁《ひんぱん》に買い替える必要もなく、サステナブルで経済的にも優しいスタイルが実現します。

長く愛せるベーシックアイテムと、さりげなく旬を添えるトレンド。このバランスを基準に、あなたらしい「キレイめカジュアル」を完成させてくださいね。

笑う服には福来《きた》る

服の持つ力というものは、実はあなたが思っている以上に大きいのです。

あなたも、何か新しいことに挑戦しようという時や、大事な場面で慌てそうになった時に、服に背中を押してもらったような気がする、そんな経験があるはず。

私はパーソナルスタイリングのお客様の、「試着室から出てきた瞬間の表情」をとても重要視しています。

なぜならほぼ全員が、購入すると決めた服は、**試着室から出てきた瞬間、必ず笑顔と一緒だからです。**ですから、不安そうな時は「買わなくていい」ときっぱりアドバイスしています。

笑顔で服を購入したお客様には、

「あの時の一着のおかげで、自信を持って人前で話せました」

「あの服を着ていったおかげで、新しい仕事が決まりました」

など、幸せにつながるエピソードが必ずついて回ります。

たとえば、『シンデレラ』や、映画『プラダを着た悪魔』でステップアップしていったヒロインのように、服がその人を未来へと導いていく物語は、古今東西たくさんありますよね。


幸せを運んでくれる服とは、あなたが「自分らしい」と感じ、デザインや色が自分に調和し、鏡に映る自分を見て自然と笑顔になれる服。

「似合う、似合わない」ではなく「心に自信が湧き、笑顔になれるかどうか？」のほうが、もっと大切なのです。

◆笑顔になれる服だけ着ればいい

先日、私のセミナーに参加してくださった方のエピソード。

講座初日はくすんだピンクのセーターを着ていたのですが、「鮮やかなピンクのほうがお似合いですよ」とアドバイスをすると、次の講座の時に、実際に鮮やかなピンクを着てきてくださいました。明らかに表情が変わっていました。

そして、まわりの受講生からは「華やかで素敵」「明るく見えるし、よく似合ってる」と絶賛の嵐。数日後、彼女から「笑顔になれる服を選ぶことで、まわりから好かれるようになり、自慢の友人として紹介されることが多くなりました。クローゼットに鮮やかなピンクがあるだけで、こんなにハッピーな気持ちになれるなんて思いませんでした！」というメールをいただきました。

毎日の中で、ふとお気に入りの服に袖を通すだけで、少し気分が晴れる。

シンプルなカットソーやカジュアルなワンピースでも、好きな色や柄であれば「今日も頑張ろう」と自然に前向きな気持ちで笑顔になれる。

キラキラがついたスニーカーで、足取りが軽くなる。


そんなふうに元気とパワーをくれるのが、「笑顔になれる服」です。笑顔になれる服をクローゼットに揃えておくと、毎日をごきげんに過ごせます。

私のクローゼットも、50歳を過ぎた頃から、鮮やかなピンクやオレンジの服が多くなりました。そんな服こそが、あなたに輝きを与え、ポジティブなエネルギーを与え、幸せを運んでくるのです。

2章

素敵な大人は「品よく、おしゃれ」

……すべての服には「イメージ」と「役割」がある

服はあなたという人柄を語る

「服はあなたを語る」という言葉を、聞いたことがあるかもしれません。

実際に、服装はその人の第一印象を左右し、内面の個性や価値観を映し出す鏡のようなものです。

服が語るのは、その人の「今」だけではありません。

長年大切にしている一着には、その人の過去の思い出や人生が詰まっています。

何か特別な日に選んだワンピース、親友と過ごした日のシャツ、家族との思い出が染み付いたセーターなど、服は優しいタイムカプセルとしての役割も果たしているのです。

服を選ぶ基準は、時には、自分自身の気持ちや生活のステージに応じて変わっていきます。

私もふり返ると、若い頃は他人の目や流行に影響され、誰かの期待に応えて服を選ぶことが多かったなぁと思います。そして、頑張ってファッションと向き合ってきたんだなぁ、とも。

でも、50代を過ぎた今は、流行を追うよりも、自分が心地よく感じられるスタイルが大切。どんな服を選ぶかということは、「どんな自分でありたいか」という問いに対する答えだからです。

また、服には自分の価値観が色濃く表われます。

たとえば、サステナブルブランドのアイテムを選ぶ人は、環境への意識や倫理観がファッションに反映されていますし、一点ものを選ぶ人は、そのユニークさや個性を大切にする気持ちが表われています。

Tシャツ1枚であっても、その選択には「どうありたいか」「どんな世界を大切にしたいか」というポリシーが宿っているのです。

服を選ぶことは「何を着ようか」と楽しむことであり、「自分らしさ」を選ぶこと。
日々のささやかな選択が、その人の個性やパーソナリティーを積み上げていく。
だから、服は、あなたを語る。
クローゼットの中の1着1着が、あなたが歩んできた人生の履歴なのです。

◆これからの「私らしさ」が輝く服

ファッションは内面と外見を調和させ、自分自身の魅力を自然に引き出す「知恵と力」を秘めています。

服はただの布ではなく、あなたの気持ちや生き方、「ありのままの自分」を表現する大切なツール。自分に心地よい服を身につけると、自信が湧き、姿勢や表情までもが変わります。自分が心から安心できる服は、日常を豊かに彩り、毎日をより美しく、幸福感に満ちたものにしてくれるのです。

では、「私らしさ＝スタイル」を見つける方法を考えてみたいと思います。

1．心の声に耳を傾ける――直感が教える「今の自分」

服選びは自己表現のひとつ。流行を取り入れるのは素敵ですが、「今、私はどんな気持ちでありたいのか？」と直感的に決めることがとても大切です。

「今日は優雅で洗練された自分を楽しみたい」と感じるなら、柔らかなシルエットや上質な素材を取り入れて、その日の自分に相応《ふさわ》しい服装にたどり着けます。

2．色彩の魔法――あなたの内なる輝きを引き出す色を選ぶ

色には不思議な力があり、心と身体に深い影響を与えます。自分がどんな色に自然と惹かれるのか観察してみましょう。

秋の紅葉のようなワインレッドやカーキ、ベージュなどの暖かみのある色、夏の海辺のブルーやレッド、グリーンなどの鮮やかでスッキリした色など、あなたの肌を明るく見せたり、心を軽やかにくれる色はどれでしょうか？　いろいろ試

してその変化を楽しんでみてください。

3．心地よさを選ぶという贅沢

一番大切なのは、その服を着て心地よさを感じられること。少しの背伸びは自信を与えてくれますが、無理をしない等身大のスタイルは、日々の生活を豊かにし、笑顔を引き出してくれるはず。ふとした瞬間に手に触れる生地の質感や、軽やかに動けるシルエットの心地よさは、心にゆとりを与えてくれる小さな贅沢です。

季節や心境に応じて少しずつ変わっていく自分の好みに気づき、それに合わせて服を選ぶことで、自然と「私らしい」スタイルが育っていきます。流行を追うだけでなく、自分自身が大切にしたいスタイルを持つことで、日常が豊かに感じられ、その笑顔で「私らしさ」が輝くのです。「私らしさ」が輝く服は、日々の小さな積み重ねの中にあるのです。

大人のカジュアルは「清潔感」あってこそ！

カジュアルファッションをあらためてひと言で定義するならば、リラックスしながら自分らしく楽しむ服装。普段着として動きやすく、気取らずに着こなせて、自由な組み合わせで個性が光るのも魅力。洗濯しやすい素材が多く、汚れることを気にせずに着られるのもうれしいですよね。

一方で、その代表格であるTシャツやジーンズは、「シンプルすぎる」アイテムであるがゆえに、そのまま着ると体型や肌の質感が目立ちやすくなります。

若い頃は肌にハリがあるのでシンプルな服でも問題ありませんが、年齢を重ねると身体のシルエットが変わったり、肌の弾力がなくなってきたりするので、Tシャツとジーンズだけでは「疲れた」ような印象になりがちです。

あなたもカジュアルアイテムを着て「なんだか、だらしなく見えるかも」と気になったことはありませんか？　**カジュアルだからこそ、リラックス感ときちんと感のバランスを守ることが、やっぱり大切。**「カジュアルでもキレイに着こなす」のが大人のおしゃれの基本でしょう。

Tシャツ、カットソー、トレーナー、ジーンズなどは、色褪《いろあ》せや素材のダメージが出やすいアイテムです。何度も洗濯していくうちに色が抜けたり、生地が劣化すると、服自体がどうしても「くたびれた」雰囲気になって清潔感が失われていきます。

50代になると、肌や髪の色味が少しずつ変わり、体型も変わっていくので、輪郭がぼやけて、実際に疲れて見えてしまうことがあるのです。

また、デザインがシンプルであればあるほど、ちょっとしたシワやヨレが気になりますよね。カシミアのシンプルなVネックセーターの肘や脇に毛玉がたくさんあったり、ジーンズの裾《すそ》が汚れていたり、Tシャツの首元がヨレヨレだったり……。あなたも、出番の多いカジュアルアイテムほど、シンプルなデザインのものが多いと思います。だからこそ、きちんと点検して、くたびれてきたら、思い切って処分してください。

「カジュアル」と「だらしない」は紙一重。大人世代のカジュアルは、「清潔感」を基本としましょう。

◆清潔感をそこなう「くすみカラー」にご注意を

カジュアルをおしゃれに見せるためには、色使いがポイントになります。シンプルなアイテムが多いので、色で華やかさを加えることで、洗練されたおしゃれな雰囲気を演出できるのです。

カジュアルスタイルは、シンプルなTシャツやジーンズなど、ベーシックなアイテムが多く、ニュートラルカラー（白、黒、グレー、ベージュ、ブラウン、ネイビーなどの、どんな色とも調和しやすい色のこと）を多用したコーディネートは落ち着いて見える反面、大人世代の女性が着ると少し地味な印象を与えることもあります。

そこで、色選びが、その人の雰囲気を決める大きなポイントになります。

とくに**「くすみカラー」と呼ばれている、灰色がかった暗いグレイッシュトーンは、顔がくすんで見えるので避けてください。**

私も普段着用のカジュアル服は、ユニクロやユナイテッドアローズ、ZARAなどで買うことが多いのですが、とくにベーシックアイテムのカットソーやカーディガン、気軽に着られるワンピースは、くすみカラーを避け、明るくキレイな色を選ぶようにしています。一瞬で顔まわりが明るくなり、ホワイトやベージュ、ネイビー系のボトムスと合わせると、清潔感があっておしゃれな印象をとても簡単に作れるからです。

上半身に、サックスブルーやラベンダー、サーモンピンクのような柔らかくキレイな色を持ってくると、光の反射によって肌に自然な明るさをプラスし、優しく、クリーンな印象になります。

また、レッドやオレンジ、イエローのようなビビッドな色は肌の血色がよく見えるので、若々しい印象になります。

カジュアルファッションはフォーマルスタイルに比べて自由度が高く、色使いで遊び心を加えやすいのがメリット。明るいキレイな色をひとつ取り入れるだけで、シンプルなデザインのアイテムのコーデでも、おしゃれで若々しい印象になるのでトライしてみてくださいね。

年齢を重ねるほど、肌のトーンが少しずつ変化しますが、ベーシックカラーだけでは顔色が沈んで見えてしまうこともあります。そんな時は、とくに、柔らかなパステルカラーなどの明るい色合いを取り入れると、顔まわりに華やかさが出て、カジュアル服でも上品でエレガントに見せることができます。

キレイな色が、気分を明るくしてくれる効果も科学的に実証されています。大人世代のカジュアルスタイルこそ、色使いには十分にこだわりましょう。

素敵な大人は「品よく、おしゃれ」

「あの人、品があるよね」とか「下品すぎない？」とか、友人との何気ない会話の中に出てきたりしますが、「そもそも『品』とは、何？」と思ったことはありませんか？

検索してみると……。

ひん【品】の解説

1［名］人や物にそなわっている、好ましい品格・品質。「―がよい」「―がない」

2［接尾］助数詞。料理などの品数を数えるのに用いる。上に来る語によって

は「ぴん」となる。「二―注文する」（出典：デジタル大辞泉）

つまり、人に対して使われる「品」とは、外見だけでなく内面からもにじみ出る「美しさ」や「気品」、人間性や生き方の豊かさを表わす言葉なのです。「品」はその人の持つ価値観や育ち、経験、心のあり方が表われたものなので、身のこなしや話し方、表情など自然に内面からにじみ出てくるのでしょう。

とくに、身に着ける服や小物には、何もしゃべらなくても、生活感や人柄などが雰囲気として張り付いているのです。

私がファッション業界に入ったばかりの頃、多くの先輩と接する中で痛感したのは「どんなにおしゃれな服を着ていても、下品に見えてしまう人がいる」という事実。

ファッション業界ですから、流行に敏感でおしゃれにも気を使い、ヘアやメイクも抜かりがない。……なのに、なんだか残念。

そう見える人の共通点は、普段の心構え。

ひと言で言ってしまうと、「ガサツ」。面倒くさがりで、いい加減。モノの扱いが雑で、言葉や動作が下品で、仕草も荒っぽいのです。

新人だった私はそうなってはならないと、「人として美しく」を座右の銘として、「下品」を遠ざけるように生きていくと決めました。


逆に、これまで出会った「品がある人」とは、他人への思いやりや礼儀を自然に持ち、自分の判断に丁寧さや節度がある人です。無理に取り繕《つくろ》うことなく、自然体で穏やかで好ましい印象を与える人。明るく誠実でいつも落ち着いた印象を与える人。そんな人の、カジュアルだけれどキレイにお手入れされたバッグやシューズ、ナチュラルで清潔感が漂《ただよ》う服や小物たち……内面にあるその人の心情や生き方が、ファッションを通して外見ににじみ出るのだと思います。

おしゃれな人、素敵な人とは、本来、そういうものなのだと思います。深い知識や思いやり、穏やかな自信などが、その人たらしめているのです。

◆カジュアルスタイルこそ「品」が大切

さて、カジュアルスタイルではどのような部分に「品」が宿るのでしょうか。

1．素材選び

カジュアルだからこそ「素材感」が目立つため、安っぽい素材や派手すぎるデザイン、ごちゃごちゃしたプリント柄は、下品な印象になりやすいので避けましょう。シルクやカシミアなどの天然素材を使ったものや、程よいハリと光沢感があるものを選ぶと、上質感が出て品のあるカジュアルスタイルになります。

ただし、シルクやカシミアは扱いが難しいので、「シルクタッチ」「カシミアタッチ」といった表示があり、手軽に扱える商品をチェックしてみるのもおすすめです。その中から発色がよく濁りのない色を選ぶことが、より洗練された印象につながります。

2．露出の調整

気をつけたいのが「肌見せのバランス」。とくにオーバーサイズのトップスや胸元が広くあいたデザインは、下着や胸の谷間が見えないよう、下品な露出に見えないよう注意したいものです。

肌を見せる際は、トップスを露出多めにするならボトムスは控えめにする。逆に、ボトムスが短めならトップスは緩くカバーするなど、バランスを取ると上品に仕上がります。

3．ブランド品の厳選

高価なブランド品を楽しむのも素敵ですが、あまりにもロゴが目立つものを選んだり、複数のブランドものを組み合わせすぎると品格が失われがちです。

本物のエレガンスは、さりげないところに表われるもの。ブランドの力に頼りすぎず、自分に合ったスタイルで高級感を醸《かも》し出すことこそ、大人の女性ならではの魅力につながると思うのです。

4. 言葉遣いとトーン

服も、言葉も、自己表現のツール。言葉には、その人の生き方が表われます。乱暴な言葉や感情的な口調は避け、落ち着いた感じの言葉選びを意識しましょう。たとえば、物事に対しての否定的・批判的な発言や噂話も避けたいところ。穏やかで思いやりのある言葉を選ぶことが、品格のある女性として周囲に好印象を与えます。どんな場面であっても、気品のある表現を意識したいものですよね。

5. メイク&ネイル

メイクやネイルの「盛りすぎ」は、場合によっては「下品」や「不自然」な印象を与えてしまいます。たとえば、ファンデーションの厚塗りや濃いアイメイクは、肌の凹凸をなくして、自然な若々しさを奪ってしまうことも……。

さらに、濃いチークや派手なネイルは、若さを求めるあまり無理をしている「若作り」に転落。時には自分に自信がない印象を与えてしまうこともあります。

大人はある程度〝引き算〟したスタイルこそ、上品な美しさが際立つのです。

コーデを「格上げ」するのはアクセサリー

シンプルなカジュアルスタイルでも、アクセサリーや小物でアクセントを加えると、全体の雰囲気が「格上げ」されます。

私が「アクセサリーとは一瞬でコーデを格上げする陰の実力者」であることに気づき感動したのは、30代の頃、出張で訪れたパリでの出来事。

「夢にまで見たパリ、きっと素敵な人ばかり♪」と、心躍らせながら街中へ。ところが、ファッション誌で見ていたようなトレンドを着こなすパリジェンヌは皆無に等しく、ベーシックな服の人がほとんどでした。

ところが、**日本とまったく違ったのが、色使いと小物使い。**とくに50代以上と思われるマダムたちが、とても華やかでチャーミングなのです。

カフェでおしゃべりするマダムの肩にかけられたフューシャピンクの鮮やかなストール、シンプルな白いセーターにブラックジーンズ、胸元に大ぶりなインパクトジュエリー。今も忘れません。さりげなくつけこなしている姿に、パリジェンヌのおしゃれの底力を見たようで圧倒されたのでした。

その後も何度か訪れるたびに、パリでの買い物は服ではなく、ストールやアクセサリーが多くなりました。60代のパリひとり旅で購入したのも「シャネルのパールブローチ」。シンプルでカジュアルなプチプラのワンピースも、一瞬で格上げしてくれます。

また、イタリアと日本を往復しながら生活している50代後半の友人のスタイルも、シンプルなトップスにジーンズかストレッチの効いたボリュームパンツ。そこに、アクセサリーを重ねづけ。イタリアのアクセサリーデザイナーにオーダーしているそうで、それが彼女の「トレードマーク」であり、スタイル」。そして、とっても素敵なのです。

◆首と手首、アクセサリー使いのコツ

ネックレスには顔まわりに光を集めて、表情や顔色を明るく見せる効果があります。シンプルな無地のトップスに、さりげないゴールドやシルバーのネックレスを加えるとおしゃれで洗練された印象になりますよね。

チェーンが細いジュエリーは2～3本を重ねづけすると、ボリュームと存在感が出ます。

長さが調節できるT字タイプのネックレスは、Vネックやカシュクールのような胸のあきが深いトップスに合います。長さのあるラリエットは身体の中心に縦ラインを作るので、少し太めの素材がおすすめです。

コスチュームジュエリーと呼ばれている個性的なアクセサリーや、ZARAなどに多いボリュームネックレスは、シンプルなワンピースを一瞬で華やかにしてくれます。

ブレスレットやバングルも、カジュアルスタイルに輝きと優雅さを与え、細やかなおしゃれ感を演出してくれます。袖が短いトップスや、リラックス感のあるゆったりとしたニットにはブレスレットを合わせて、腕元にアクセントを。とくにシルバーやレザーのバングルは、シンプルでありながら個性が出るアイテム。シックで大人らしく仕上がります。

ピアスやイヤリングも、カジュアルスタイルを格上げできる効果的なアクセサリーです。小ぶりなフープピアスやパールのピアスは、シンプルでありながら顔まわりに上品さを添え、カジュアルな服装を引き締めるのにピッタリです。

存在感のあるイヤリングをつけると、シンプルなTシャツやジーンズでもおしゃれな雰囲気が増し、コーディネート全体がまとまります。とくに大人の女性には、魅力的なピアスが、品のよさと程よい存在感をプラスしてくれるため、普段のカジュアルを格上げしてくれます。4章でも詳しくお伝えしていきます。

またストールやスカーフは、先ほどもお話ししたように、色や柄でコーデの雰囲気をガラリと変える効果があります。とくに鮮やかな色はひとつ加えるだけで効果抜群。百貨店で、鮮やかなピンクのストールやワインカラーの光沢スカーフを試してみてください。暗い色の多いコートの時は一瞬で顔まわりが明るく華やかになりますよ。これについては、3章でも詳しくお伝えしていきます。

50代からはヘア&メイクも再点検

ファッションのトレンドは変わり続けています。新しい服や小物にトライしたら、なぜか髪型に違和感がある。もしかして、ヘアスタイルが変かもしれない……あなたもそんなふうに不安になったことはありませんか?

私は、クライアントからパーソナルスタイリングのご依頼を受けると、買い物に同行する前に、ヘアを「未来の自分に似合うスタイル」に変えてもらいます。

スタイリング当日はまず、化粧品売り場のメイクカウンターに行き、なりたい顔の俳優さんのメイクを、クライアントに似合うようにアレンジして施術《せじゅつ》いただきます(血色がよく艶《つや》やかに仕上がるメイクをオーダーするようにしています)。

なぜならヘアスタイルやメイクは、外見を整えるだけではなく、その人全体の雰囲気をまとめるという、大切な役割を担っているからです。

もともと私自身、髪が細い猫っ毛。なので、髪のボリュームがとても気になっていました。ですから、長年、ロングの巻き髪でバランスを整えていたのですが、50歳を過ぎた頃から、違和感を持つようになったのです。

髪は、年齢とともに少しずつ質感が変わり、ハリやコシが失われ、細くなっていく。そして、白髪が増えることで、髪色にも悩む。

それに加えて、私たちの肌のトーンや顔立ちも、50歳を過ぎるとシミやシワが増えて、自分でも驚くような変化が起こりますよね。人生の中で、内面も外見も変化が多いのが50代です。

それを受け入れずに、若い頃からのヘアやメイクをアップデートしないでいると、思いがけず「イタい印象」を与えてしまうことがあります。

若い頃のヘアスタイルは、確かにその時代の自分にはピッタリと合っていた。でも、年齢を重ねると、髪質が変化し、ハリやコシが消えていき、肌のトーンや顔の輪郭も少しずつ変わる。だから、以前のヘアスタイルがなんとなく似合わなく見えるのは当然、というわけです。

その変化を、新しい自分に変わるチャンスと捉えて、新しいヘアスタイルや艶やか肌のナチュラルメイクに挑戦することは、内面のリフレッシュにもつながります。

ヘアやメイクを変えることは、とても勇気の要ることでしょう。

それでも、自分に合う、信頼できる美容師さんを、探してみてください。ヘアやメイクを変え、そして「未来の自分に必要な服」まで揃えられたら、きっと想像を超える「素敵な自分」に出会えるはずです。

◆オバサンぽく見られないカラーと髪型

50代以上のクライアントが新しいヘアスタイルに挑戦する時に、いくつか気をつけていただいているポイントがあります。実は、髪型以上に気をつけなくてはいけないのが、ヘアカラーなのです。

私は50代の半ば、ピンク系の透明マニキュアでヘアカラーにトライしました。ところが翌朝、いつもの服を着ると、ものすごい違和感があるのです。とくに、黒や白、ベージュといったベーシックカラーの服。

全身を鏡で見て、すぐに気がつきました。

これ、実はカラーコーディネートの原則通り。**髪の色を変えると似合う服の色が変わります。色の調和が全体の印象に大きな影響を与えてしまう**のです。

具体的には、ヘアカラー、肌のトーン、瞳の色などと組み合わせた顔の印象と、身に着ける衣服の「色相バランス」（色の調和）を整える必要があるのです。

これが整っていないと、肌のトーンが不健康に見えたり、くすんで見えたりすることもあるので注意が必要。

つまり髪の色を変えたら、選ぶ服の色もそれまでとは変えたほうがいいのです。

髪の色は、顔のまわりを囲う「額縁」「フレーム」のようなもの。

暖かみのあるブラウンやミルクティー色の髪は、「秋」の色調、つまりキャメルやテラコッタ、オリーブグリーンと相性がいい。

シルバーや深い黒髪は、モノトーンやビビッドなど、「冬の色調」、レッドや鮮やかなスカイブルーなどを際立たせ洗練された印象を与えます。

一方、顔まわりを明るくするカラーリングやハイライトは、肌のトーンを明るく見せ、若々しさを引き出してくれます。選ぶ色によっては、ややくすみが出ることもあるので、顔全体が明るく見える色を、信頼できる美容師さんと相談しながら選びましょう。

ヘアカラーと同様に、ヘアスタイル選びも重要。50代になると、髪のハリやコシが減り、重たいスタイルは全体に疲れた印象を与えてしまうことがあります。

そこで、レイヤーを加えたカットや、動きのあるショートからミディアムのスタイルは、軽やかで髪の持つ自然なボリューム感を引き出すことができます。

また、肌のトーンや顔の形も、年齢とともに変化していきます。これに合わせて、髪の長さやスタイルを調整することで、顔まわりの印象を引き締めたり、柔らかく見せたりすることができます。

たとえば、顔の輪郭がやや下がり気味に見えるときは、顔まわりにレイヤーを入れて髪型で柔らかいフレームを作ると、全体の印象がバランスよく見えます。

忙しい毎日、手間がかかるスタイルは持続しにくく、ストレスになることもあります。簡単にセットできるカットや、自然にまとまるスタイルを選ぶことで、時間に余裕が生まれ、無理なく自分らしい美しさを保てるはずです。

外出着のドレスコードを知っていますか

パーソナルスタイリングの仕事をしていると、大人世代の方から「ドレスコード」について質問されることもかなり多いです。

お出かけ時に気をつけたいドレスコードについて、シーンごとのポイントを押さえながらまとめてみました。外出先に合わせた服装を心がけると、場の空気を乱さず、自然と周囲に好印象を与えることができます。

1．ショッピングやカフェでのカジュアルな外出

＊ドレスコード：特になし（プライベートウェア）

リラックスしたスタイルでも、少しキレイめな印象を残すのがポイントです。

ジーンズでもカットソーでも、清潔感のあるシンプルで質感のよいものを選ぶとカジュアルでも品よく見えます。さらにアクセサリーを加えると、さりげないおしゃれが完成します。

2. ホテルのレストランや船旅

＊ドレスコード：スマートカジュアル、エレガントカジュアル

海外で高級なレストランやホテルに行くと、「スマートカジュアル」というドレスコードがあります。近年は国内でも外資系ホテルが増え、ドレスコードを記載しているので注意しましょう。

また、船旅も、毎晩のようにレストランでイベントがありますが、特別な時以外は「エレガントカジュアル」で大丈夫。きちんとした印象になるよう、ポリエステルなどの、ドレープの美しいとろみ素材のワンピースや、ブラウスにパンツまたはスカートを合わせるのが定番です。

そして、顔まわりを明るくするアクセサリーを。ナチュラルメイクに口紅をさ

し、髪を整えましょう。足もとはつま先が大きく露出するサンダルはNG。ヒールが低くても、キレイめのローヒールやフラットシューズを選ぶとよいでしょう。

ちなみに、お連れ様の装いも要チェック。アルマーニのレストランで、イタリアンテイストで決めたおしゃれな男性を見かけたことがありますが、入り口で「ドレスコードがあるのでこちらに着替えてください」と、長ズボンを差し出されていました。とくに男性のショートパンツ、ダメージジーンズは要注意です。

3. 友人とのカジュアルな集まりやホームパーティ

＊ドレスコード：スマートカジュアル

服装のポイントは、場の雰囲気に映えるよう、カジュアルすぎず少し華やかさや遊び心を加えつつ、でも気の張らない自然なスタイル。柄物やカラーを取り入れたトップスや、キレイめなカーディガンなどをプラスしましょう。個性のあるバッグやシューズでアクセントをつけるのもおすすめです。

4. 観劇やアートギャラリー

＊ドレスコード：エレガントカジュアル

催し物や展示会の内容を配慮し、場の雰囲気をそこなわない落ち着いた色やシックなアイテムを選びましょう。

アートギャラリーではあなたらしい個性の光るデザインでエレガントな印象に決めるのがポイントです。ただし、主催者よりも華美にならないよう配慮することも大切です。

5. 結婚式の二次会、特別な会食やディナー

＊ドレスコード：セミフォーマルまたはフォーマル

フォーマルな場では、出席する時の立場に相応《ふさわ》しい服装を。特別な集まりや会食には、ひざ丈またはロング丈のワンピースやドレスを選ぶとよいでしょう。色は華やかな光沢素材や、胸元の適度にあいたリトルブラックドレスやカラードレス。顔まわりを華やかにしてくれるスワロフスキーやパールなどのアクセサリー

は必須です。髪もきちんとセットして、整えましょう。

正式なドレスコード「ブラックタイ」の場合は、肌を露出するノースリーブのロングドレスなどにショールやボレロを合わせて、パールやゴールド系アクセサリーで品よくまとめましょう。

6. 観光や週末の小旅行

＊ドレスコード：リゾートカジュアル

まず国内の場合、観光地や旅館でのドレスコードは、伝統や文化を尊重します。靴を脱いで上がることも多いので、ソックスやストッキングなど、古びたものは避けましょう。格式の高い高級旅館やホテルでの夕食の際には、トレーナーやジーンズといったカジュアルな服装を避け、少し上品でキレイめなワンピースやトップスに合うコーデを心がけます。

海外の場合、都会的な観光地では、カジュアルなスタイルでも問題ありませんが、五つ星以上のリゾートホテルでは、カジュアルとエレガンスをミックスした、バランスのよい服装が求められます。

ディナータイムのレストランやバーでは、「スマートカジュアル」または「リゾートエレガンス」のようなドレスコードが求められることが多いです。男性は襟付きシャツやローファー、女性はドレスやブラウスやスカートなど、カジュアルすぎないキレイめスタイルが理想的です。

なお、リゾートとはいえ、ビーチサンダルやショートパンツは避けましょう。ただし、サンダルでもシンプルで上質なデザインを選ぶと上品な印象になります。

ポイントは、リラックスしつつも、あくまできちんと感のある服装です。

3章

「あの人、素敵」になるヒント

……もっと早く知りたかった！　このおしゃれ理論

すべての色は「感情」を持っている

カフェの窓際に、女性がひとり座っています。

彼女は、オレンジ色の素敵なシャツに白のサブリナパンツを合わせ、腕には白いブレスレットが光っています。

あなたは、その彼女がどんなタイプの女性だと想像しますか?

おしとやかなタイプ?　それとも清純なイメージ?　古風な女性でしょうか?　それとも凛《りん》と気高い感じ?

きっと、快活で明るくて、でも派手になりすぎない品のよさがある人では……と予想すると思います。

なぜ、そう思うのか。ポイントは、彼女が着ている服の「色」にあります。

その色を見た人は何を連想するのか――「色」と「心情」の関係を明らかにした「色彩心理学」という学問がありますが、「色」というのは、それぞれ「固有のメッセージ」を発しているのです。

◆「相手に与える印象」を自在に変えるコツ

オレンジであれば、スポーティで快活、元気なイメージ。

白であれば、清純、エレガント。

ブルーは聡明《そうめい》さ、知性。

紫であれば、セクシー、上品。

グリーンは、ヘルシー、自然な……といった具合です。

人種や国境を越えて、ある色を見た時に感じることは、共通しています。

だから、世界のほとんどでベビー用品にはパステルカラーが使われますし、健康食品の広告には、フレッシュでみずみずしいグリーンが使われるのです。

服を選ぶ時も、この色彩心理の考え方を上手に応用すると、相手に与える印象を上手にコントロールすることができます。

たとえば、「優しげで、フワッとした女性に見せたい」と考えるなら、黒や濃紺のブラウスよりは、「可愛い、甘い」というメッセージ性を持つ柔らかいピンクを選ぶのが正解。

「年齢のわりに童顔だから、打ち合わせの席でどうしても格下に見られてしまう」という悩みがあるなら、「凛として、知性的」というメッセージ性を持つブルーのインナーにしてみましょう。

「その色が持つイメージ」と「なりたい自分」を上手に重ねていくことで、「なりたい自分」に近づいていくことができるのです。

色の持つメッセージ性をまとめてみましたので、ぜひ活用してみてください。

「色」の持つメッセージ性

ブラック	シック・フォーマルな	高級・厳粛・暗黒
グレー	スタイリッシュ・ひっそりとした	都会・陰鬱・洗練
ホワイト	エレガント・清純な	清潔・清楚・衛生
イエロー	カジュアル・陽気・輝き	光明・明朗・注意
ベージュ	エレガント・上質な	温和・甘味・柔軟
キャメル	ベーシック・香ばしい	素朴・充実・風雅
ブラウン	ダンディ・落ち着いた	地味・堅実・剛健
オレンジ	スポーティ・温かい	陽気・快活・温情
レッド	アクティブ・美味しい	情熱・革命・危険
ローズ	ゴージャス・華やか	優美・華麗・熱烈
コーラルピンク	プリティ・可憐	甘美・温和・優雅
ピンク	ロマンティック・甘い	優雅・可愛い・甘い

ワイン	クラシック・こってりとした	優美・高級・豊潤
パープル	セクシー・刺激的	上品・下品・派手
バイオレット（スミレ色）	ノーブル・気高い	高貴・気品・優雅
コバルトブルー	オーシャン・高尚な	神秘・理想・深遠
ブルー	インテリジェンス・凛とした	聡明・知性・清澄
ライトブルー	アクア・爽やか・あっさり	冷静・清涼・清浄
ターコイズブルー	クリーン・スッキリとした	爽快・安静・整然
エメラルドグリーン	バランス・理性的な	明晰・沈静・希望
グリーン	ヘルシー・自然な	平和・希望・安全
オリーブグリーン	ノスタルジー・古風な	苦味・重厚・郷愁
ダークグリーン	ジェントルマン・頼れる	重厚・丹念・陰気
ライムグリーン	フレッシュ・活性化	新鮮・軽快・明快

◆「ブルーベース」と「イエローベース」の違いとは

初夏の太陽の光を浴びた樹木の葉を想像してみてください。

太陽の光が当たっているところは黄色みを帯びて輝き、太陽光が当たらない部分は青っぽく、暗い色に見えませんか？

とくに、初夏の早朝の光の下では、その違いが鮮明に表われます。


色彩学では、この原理をもとに、原色に黄色を加えた色のグループを「イエローベース」、青を加えた色のグループを「ブルーベース」としています。身近なところでは、化粧用のファンデーションなどが、「黄色み↓オークル系」「青み↓ピンク系」に分かれていますね。

服のカラー・コーディネートでも、「イエローベース」と「ブルーベース」の考え方を使います。

たとえば、「カーキ」と「オレンジ」のような黄色みを帯びた色同士、あるいは「水色」と「紫」のように青みを帯びた色同士は調和します。

ちなみに、ファッションにおいては、黒やネイビー、ベージュ、グレー、白などの、着こなしの土台、基調となる色を「ベーシックカラー」といいます。

この「ベーシックカラー」の中で、「イエローベース」（黄色みを帯びた、暖かみのある色）の代表的なものは、ブラウン、キャメル、ベージュなどです。

一方、「ブルーベース」（青みを帯びた、涼しげで爽やかな色）として代表的な色は、黒、ネイビー、ブルー、グレー、純白です。

また、アクセサリーも「イエローベース」と「ブルーベース」を考えて、同系色の金属に統一するだけで、簡単に洗練された印象を作れます。

具体的には、

・イエローベース＝ゴールド、ブロンズ色
・ブルーベース＝シルバー、プラチナ色

ということです。
また、金属アレルギーがある方は、
・イエローベース＝ターコイズ、パール、べっ甲
・ブルーベース＝ラピスラズリ、オニキスシルバー、水牛

などを使うことをおすすめします。

昨今は、技術革新によりアレルギーフリーのゴールドやシルバーもかなり増えているので、ぜひチェックしてみるとよいでしょう。

◆「同系色の濃淡」で失敗なし

コーディネートで誰もが失敗しない組み合わせの基本は、同系色の濃淡でまとめることでしょう。

たとえば、白いTシャツに、サックスブルーのカーディガン、濃紺のジーンズというコーディネートは、思い浮かべただけでも、爽やかでアクティブな印象ですよね。この組み合わせは「ブルーベース」の濃淡です。

そして、生成《きな》りのブラウスにベージュのジャケット、チョコ茶のスカートといった組み合わせは「イエローベース」の濃淡です。

このようにトップスを淡い色、ボトムスを同系色の濃い色にすると、コーディネートがキレイにまとまります。

さらに、先ほどの「ブルーベース」のコーディネートに黒いスニーカーとシルバー系のアクセサリーを、「イエローベース」のコーディネートにこげ茶のシューズ、バッグと、ゴールドのアクセサリーを合わせれば、素敵な着こなしが完成します。

◆アクセントカラーを使った「おしゃれの法則」

同系色のコーディネートに、アクセントカラーとして反対色を効果的に使うと、一瞬で洗練された印象を作れます。

反対色とは、「赤」と「緑」、「オレンジ」と「青」、「紫」と「黄色」のようにお互いを引き立て合う色のことです。

たとえば、「ベージュの服に紫のバッグ」は反対色の関係ですが、とても洗練された素敵な配色です。

ベージュは黄色の中間色で、上手にコーディネートしないと地味な印象になりがちですが、反対色の紫でアクセントを加えると、品のよさが際立つのです。この時、反対色の配分は、全体の15％くらいを目安にするのがおすすめです。

理論的には、先ほどの「白いTシャツにサックスブルーのカーディガン、濃紺のジーンズ」というコーディネートに反対色でアクセントをつけるなら、「赤」のベルトやバッグ、靴を組み合わせるとよいでしょう。一瞬で洗練された印象になります。

顔まわりを華やかにする〝秘訣〟

1章で「ファッション診断」との距離感について触れましたが、ファッション業界や美容業界では、「パーソナルカラー診断をして、自分に似合う色を見つける」という考えがあります。

「パーソナルカラー」という考え方は、色彩学をもとにアメリカで生まれました。

ブルーベースである「サマー」「ウインター」、イエローベースである「スプリング」「オータム」と大まかに4つに分け、その人の肌、目、髪の色によって似合う色を診断するためのツールです。

近年では雑誌やインターネットなど一般メディアでもよく見かけるようになりましたが、実はこれが広まった理由は、多様な肌色を持つ人が暮らすアメリカで販売員が服を売りやすくするため。

たとえば、「私に似合うシャツはどれ？」とお客さんに訊かれた時に、「ブラウンカラーの肌なので、イエローはどうでしょう」と答え、別の販売員は「私は淡いピンクのほうが映えると思います」と答えたとしたら、お客さんはどうなるでしょうか？

色がずいぶん違うので、迷ってしまいますよね。

こうしたことが起こらないようにするために、このパーソナルカラー診断が生まれたというわけです。

◆血色よく見せる色、顔のくすみを抑える色

でも、パーソナルカラーの考え方の基本となっているアメリカの人々の肌の色、

瞳の色、髪の色と、日本人のそれとはまったく違います。

だからパーソナルカラーの考え方を日本人に合わせるのは、ちょっと無理があると私は考えています。

それよりもぜひ覚えておいてほしいのは、**首の下にある色は顔に映り込むということ**です。

たとえば、写真を撮る時に白いレフ板を首の下に置くと、顔色を明るく見せることができます。このように、首の下にある色を明るくすればするほど、顔がパッと若々しくイキイキとして見えるのです。

まったくメイクをしていなくても、たとえば明るいオレンジのカットソーを着ると、それだけで、チークをのせ、口紅をつけたような血色のいい印象になります。

逆に、青みがかった淡いピンク色のストールなどを持ってくるだけで、顔の赤みが抑えられ、青みがかった透明感のある顔色になります。

クマやくすみが気になる時は、白や、白に近い光沢のある色のトップスを着るのがおすすめ。また、日焼けをしたり、顔に赤みが出ている時は、青みがかったピンクを使って肌の赤みを抑えるとよいでしょう。

夜遅くまで仕事をしていた家族やパートナーが翌朝、疲れた顔をしていたら、青いワイシャツではなく、ピンクのシャツをチョイスしてあげてくださいね。

◆黒を着るならデコルテをあけて

一番、顔色が悪く見えるのが、首下ギリギリまである黒のタートルネック。秋冬に選んでしまいがちですが、上半身に黒を持ってくるのは、実はとてももったいないことです。顔色を暗くくすませ、年齢よりも老け顔に見えてしまいます。

とくに疲れている時に黒や紺を着ると、ほうれい線やシワが際立って見えますから、本当に要注意！

海外の人が黒を着る時は、デコルテを大きくあけています。それは肌色の範囲を広くすることで、黒を顔色に響かせないため。

実は、タートルネックをはじめとした、首元の詰まった黒い服は顔色には最悪なのです。

黒を着るならデコルテを広くあけ、さらにキラキラしたアクセサリーをつけると、光の反射も加わって顔の肌を華やかに白く見せることができます。

映画『ティファニーで朝食を』のオードリー・ヘップバーンの写真を見てみてください。黒のドレスで、デコルテが広くあき、首の下にキラキラしたネックレスをつけています。

美しく見せるために計算されつくしているのです。

黒は顔から離す。これは鉄板の法則です。

◆ストールは大人世代の〝頼れる相棒〟

真っ黒のコートを着ても、鮮やかな色のストールやマフラーをつければ、顔まわりが瞬時に明るくなり、華やかな雰囲気になります。

たとえば航空会社のＣＡさんが首につけているシルクのスカーフは、どれもツヤツヤとした光沢がありますよね。あれも、顔に光を反射させて明るく見せるためです。

スカーフやストール、マフラーの中で一番出番が多く活躍してくれるのが、年間を通して使えるストール。

四角いスカーフは、アレンジの種類が一番たくさんあるのですが、上達しないとなかなかキレイにはまとまらないせいか、最近では年間を通して人気なのがストールなのです。もちろん、私も大人の女性をパーソナルスタイリングする際にスパイスとして使っています。

ストールは、シーズンごとに素材が変わり、種類も色も豊富に揃うのもうれしいところ。

春は、ベージュやネイビーのトレンチコートの出番が多いですが、そのコートに、しなやかで軽いシルクやレーヨン素材の明るいパステルカラーのストールを合わせれば、瞬時に春らしい明るい装いになります。

寒暖の差が大きい春の夜の底冷えにも、1枚のストールが、ほんのりと温かく包んでくれます。

夏は清涼感のある麻や繊細なレース、最近では汗対策も兼ねた、家で手洗い可能なコットン100％のおしゃれなストールも人気です。ストールはまた、室内での冷房対策にも役立つのでありがたいですよね。

秋から冬にかけては、着る服の色が暗くなり、ウールやニットなど、光沢の少ない素材が多くなります。

そんな時におすすめなのが、光沢のある厚手のシルクや、ラメが入ったウールのストール。色は鮮やかなフューシャピンク、艶やかなワインレッドなど、深みと光沢のあるものを選びましょう。


ストールは、流行の影響を受けて形が変わる、ということがありません。「少し高いな」と思うものでも、本当にお気に入りなら、長く使えます。セールでなんとなく手に入れたスカーフばかりが増えていく……ということもなくなりますよ。


ちなみに、私が愛用しているスカーフとストールは4枚。

一番のお気に入りは、30歳の時にパリで買ったジバンシィのもの。シルク100％の大判スカーフです。

30年以上前に5万円で買ったスカーフは、当時はとても高価な買い物に思いましたが、毎年出番が多く、今でも美しい光沢は変わることがありません。

ほかには、グッチのライトブルーのスカーフと、エルメスの乗馬モチーフのスカーフ。そして、2年も迷い続けた末に購入した、ヴィトンのシルク・カシミアのストール。値段は張りましたが、鮮やかなフューシャピンクで、上質な艶を放つ1枚です。

いずれも、すでに元は取れていると思いますが、これからの私の人生においても〝頼れる相棒〟〝スタメン〟として寄り添ってくれる気がしています。

このように「色」は使い方を知ることで、あなたをより一層美しく見せてくれるパワーを秘めています。

ですから、「この色しか似合わない」という固定観念に縛られることなく、自由に、賢く色を楽しんでくださいね。

どんな素材のストール、マフラーでも
キレイに見える巻き方を2つ、ご紹介します。
女性はもちろん、男性にも、お子様にもフィットしますよ。

結びループクロス

結び目の大きさを変えると、印象を変えられます。少し長めのストール、張り感のある麻素材のストールにもおすすめ。

1

二重にして首にかけ、片側に輪を作っておく

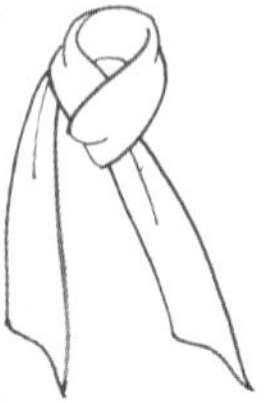

2

片方の先端を、輪に通す

3

輪に通さなかったほうを上に持っていく

4

中央でひと結びする

バランスを整えて完成

\Check/ 簡単・キレイ！ ストールの結び方

ひねりループクロス

少し長めのストールにもおすすめ。結び目を肩の上にのせて、両端を前後にたらすと、さらにおしゃれ。

1

二重にして首にかけ、片側に輪を作っておく

2

作った輪の上から、一方の先端を通す

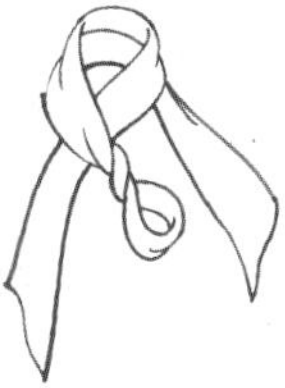

3

通した輪をひねり、もうひとつ輪を作る

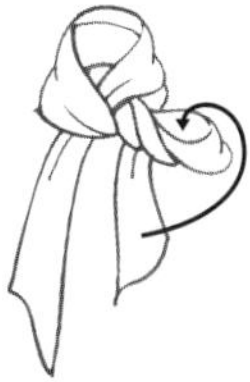

4

2で通さなかったほうの先端を、作った輪の上から通す

バランスを整えて完成

「白」のパワーを賢く使いこなす

年齢を問わず、すべての女性に魔法をかける究極の色。それは「白」です。身に纏った瞬間に内面に秘めていた「想い」を引き出し、瞬時に表情さえも変えてしまうのが、白。純粋な色だからこそ、着る人のメッセージをはっきりと語ってしまうのです。

たとえば、花嫁が着る純白のウエディングドレスを思い浮かべてみてください。そこには、「未来への扉を開こう」というまっさらな気持ち、凛とした決意という共通の「想い」が込められているように思います。それは覚悟を決め、人生に何かを託し、賭ける決意をした女性にしかわからない「想い」。

その「想い」に寄り添い、何にも染まらずにある白だからこそ、どんな色も受け入れ、その色とのハーモニーを壊すことなく引き立てるパワーを秘めているのです。

◆その清潔感が「好感度」を生む

「色の力を借りる」と考えた時、「白」ほどパワーのある色はないかもしれません。白の魅力は、なんといっても「清潔感」。

とくに、年齢を重ねた私たち大人世代は「清潔感がある」ことは最も重要です。私が女性のクライアントにパーソナルスタイリングする時も、白のトップスやジャケットをおすすめすることがよくあります。

「白」を着ていると、自然に所作が美しくなるというのも、その理由。物を拾う時も袖に気をつけたり、食事をする時も汚れないようにハンカチを膝に置いたり、白を着るだけで自然と品のあるしぐさになるのです。

私がスタイリングした方から、「選んでいただいた白っぽい服でお出かけすると、まわりの人が丁寧に扱ってくれる気がします」「ホテルでの同窓会で登壇したとき、多くの友人からほめられました」といったうれしい報告が届くことがよくあります。

◆美はディテールに宿る

「白だと汚れが気になる」という人もいるでしょう。

でも、大丈夫。買ってきたら、まずは防水スプレーを全体にかけてください。するると、汚れからガードしてくれます。

また白に限っては、値段のリーズナブルなものを、そのシーズンごとに買い替えて着るという考え方もありだと思います。

「白」を着て「清潔感」を演出する時には、ディテール（細部）を整えておくことも重要。どんなにおしゃれをしていても、スカートの裾や服の袖が黄ばんでいたり、靴のかかとが擦り減っていたりしたら、台なしです。

電車に乗っているとつい靴に目が行ってしまうのですが、女性の靴のかかとは6割が汚い。かかとの部分は、階段を上がる時や玄関で靴を脱ぐ時に、けっこう目立ちます。かかとの底の「リフト」という部分はほとんどがゴムでできていて、だいたい、はいてから1カ月しないうちに擦り減ってきます。最近は、「ミスターミニット」など、駅に併設している修理店も多いですし、1000円前後ですぐに直してもらえますから、しっかりとメンテナンスしたいですね。

そしてもちろん、髪や爪先などパーツの先端のお手入れもお忘れなく。せっかく気合を入れてマニキュアを塗っていても、剥《は》がれていたら逆にだらしない印象になってしまいます。それくらいなら、潔く何も塗っていないほうが「好印象」ではないでしょうか。

大人世代こそ、ディテールまで抜かりなく、こぎれいでありたいものです。

しなやかに「色」を味方につける

もしあなたがファイナンシャル・プランナーに相談に行ったとして、その人が真っ赤なシャツにライダースジャケットを着ていたら、どんなふうに思いますか？　びっくりして、「この人に、私の大切なお金のことを相談してしまって大丈夫だろうか」と思いませんか？

逆に爽やかな白のインナーに、上質な素材の紺ジャケットを着ていたらどうでしょう。安心して相談できませんか？

このように、私たちには、「こういうプロフィールなら、こうあってほしい」というイメージがあります。

そのイメージから大きく外れた服を着ていると、せっかくのあなた本来の魅力が発揮されないことにもつながりかねません。

それって、とっても、もったいない！

新しい交友関係を築いたり、趣味や習い事など新しいチャレンジをしたりするチャンスを、逃しているかもしれません。

◆エレガント感は「柔らかピンクベージュ」で

たとえば、「きちんと清潔、正統派」「上品、知的」といったキャラクターを演出したい場合は、どういった色を選べばよいでしょうか。

このイメージを表現する色は、**「柔らかめのピンクベージュ」**。人当たりもよく優しい雰囲気を演出できます。また、きちんとした品がありつつ、顔まわりに迫力が出すぎないノーカラーのジャケットがおすすめです。

◆アクティブに見せるなら「赤」をさし色に

アクティブな気分やキャラクターを表現したい場合には、「控えめ」「上品」というよりも、明るく活発なイメージに見せたいので、ジャケットは紺や白などベーシックカラーでもいいですが、インナーにはビビッドな色を使うなど、顔まわりを明るく見せる工夫をするのがおすすめ。

また、「赤色の小物」をスパイスとして使うのも効果的。バッグやシューズを赤にしたり、赤いスカーフを使ったり、アクセサリーを赤にしたり。それだけでもアクティブな感じになります。

◆モード感は「流行色」のワンポイント使いで

たとえばマスコミやデザインなどの「クリエイティブ系」のお仕事の人たちな

どはどうでしょう。

そのような「周囲とは一線を画す個性」を表現したい方たちには「ファッションの流行に振り回されないでください」とアドバイスすることが多いのですが、一方で、シーズンごとのトレンドや流行を感じさせるものを、何かひとつ取り入れてみることをおすすめしています。

たとえば、インナーや小物、ストールなどに、「その年の流行色」を使うと、スタイリッシュ感が増します。

また時代性をキャッチした「モード感」を演出したいなら、とくに気をつけてほしいのが、実はジャケット。襟の形と着丈、シルエットははやりすたりがあるので、定番と呼ばれる基本の形の中から選ぶのがベターでしょう。

ラペル（上襟に続く折り返しの部分）が太ければ太いほどオーソドックスで、細くてシュッとしているほどシャープな印象になります。

堅実さを演出したい場合は太いほうがいいのですが、シャープなほうが、モード感がアップしやすいでしょう。

「素材」と「洗練」の深い関係

ここで少し、男性服、とりわけスーツを例に、お話をさせてください。

キートン、ブリオーニ、アルマーニ、チヴィディーニ、ブルネロ・クチネリ……イタリアのブランドの服を見ていると、その生地のよさに驚かされます。

とくに、キートンのカシミアは目にも美しい上、触れた瞬間、素肌が恋してしまうほどのしっとり滑らかな感触。そして、ふんわりと優しい着心地。

キートンの本社があるナポリは、職人の街。素材と服作りの技術力が高く、今なお進化を続けながら、職人気質のプライドと伝統を受け継いでいます。

確かに、スーツは数十万円からという値段にはドキッとしますが、それに相応しい手の込んだ気遣いが、一着の服のいたるところに施されているのです。

また、以前に目にしたキートンのジャケットは、遠目には濃紺のジャージのように見えて、近くで見ると実は細かなグレンチェックの柄が織り込まれていました。「シルク×ウール×ストレッチ」という素材、織り柄ならではの凹凸、控えめでありながら圧倒的な存在感を放つジャケットは、それを身に纏った瞬間、説得力のある「品格」を着る人に与えるのです。


私は男性のスタイリングも手がけるのですが、伊勢丹新宿店メンズ館でオーダーできる最高峰のスーツは、ブリオーニ。年に数回だけ、イタリアから熟練のアルチザン（職人）がスーツの採寸のために来日します。

その時には私もクライアントをお連れしますが、熟練のアルチザンの採寸の技術、そして生地の素晴らしさは、「さすがイタリアならでは……」と息をのむことが何度もあります。

イタリアでしか織ることのできない生地、その生地を織るための織機も、イタリアでしか生産されていません。洋服を作るための初めての工場が建てられたのもイタリアで、服作りにかける情熱と技術は、伝統に裏打ちされているのでしょう。

まったく同じデザインの服であったとしても、どんな生地を使うかで、着た時のシルエットや雰囲気、着る人が周囲に与えるイメージが変わってきます。だから、素材のよいものを選ぶということは、とても大事なのです。

糸の太さによっても雰囲気がガラッと変わります。太い糸で織ると、シルクでもラフな印象になります。

また、細い糸で織り込むと滑らかな薄い生地になり、エレガントなイメージになるのです。

もうひとつ、素材を選ぶ際に気をつけたいのが、艶感。光沢を出す素材にはシルクやポリエステル、ナイロンがあります。でも、ものによっては下品に見えてしまう場合があります。

シルクは「ツヤツヤ」「すべすべ」していて、ほとんど問題ないのですが、ポリエステルやナイロン素材で値段の安い服は、「ギラギラ」「テカテカ」していて、全体的に安っぽく見える可能性が大。

さらに、派手な柄やドギツイ色のものを選ぶと、成金のオバサンみたいなイメージになってしまいます。

艶のある服を着る時は、ある程度の価格帯のものを選ぶのが無難でしょう。

◆大人世代は「リネン素材」にご用心

一番難しい素材が、リネン（麻）です。1日着たらシワシワになるので、お手入れがとても大変。たとえば麻のスカートをはいて椅子にすわると、お尻の部分にシワがよります。何のお手入れもせずにいると、そのシワが重なり「だらしない人」という印象を与えることに……。

麻のワンピースをサラッと素敵に着ている女性や、麻のジャケットをかっこよく着こなしている「イタリアオヤジ」風の男性は、きちんと服のお手入れをしているのです。

もうひとつ、「**シワのある大人世代の肌**」に、「**シワになりやすい麻素材**」の服は、**事故の元になりやすい。**大人世代の女性が取り入れるには注意が必要です。

確かに、麻素材のシワは、「その人ならではのシワ」となって、絶妙な味わいを醸し出します。1回着たらクリーニングに出すか、ちゃんとアイロンをかける。これができれば、麻は品のいいカジュアルを作るのに最高の素材と言えるでしょう。でもそれは、お肌と髪がきちんとケアされた人に限った話なのです。

前述の通り、大人のおしゃれには「清潔感」が絶対条件。その点で、「麻素材」はシワ肌とシワ素材の〝掛け算〟となってしまわないようにしたいものです。

とはいえ、リゾートシーンなどでどうしても取り入れたいということもあるかもしれません。そういった場合は、発色のいいものや、パンツなど顔から遠いアイテムを選ぶのがベターでしょう。

4章

小物選びが「おしゃれの決め手」

……自信と元気をくれるスパイス小物を！

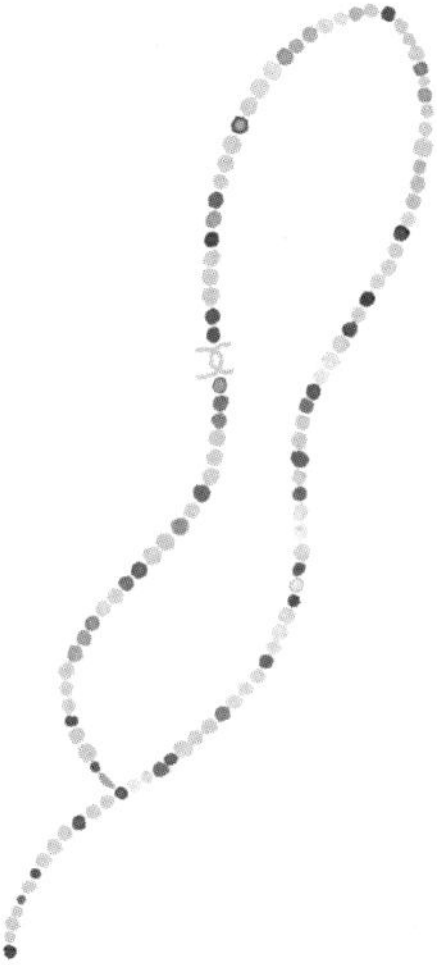

バッグや小物は「味」を決めるスパイス

「自分に合うバッグや時計、シューズやアクセサリーの選び方が、よくわからないのですが、どういうふうに選べばいいでしょうか」

これは、パーソナルスタイリングの時に必ず質問されることのひとつです。こんな質問を受けた時、私は料理にたとえて小物選びのコツを説明することにしています。

たとえば、お米とタマネギ、卵があったとします。この食材を使って、あなたなら何を作りますか？

まず思いつくのは、チャーハンでしょうか。チャーシューなどの具材を炒め、清湯《チンタン》スープやオイスターソースなどで味付け。

洋風でピラフにするなら、ベーコンを加えてブイヨンスープで煮込み、仕上げにパセリをちらします。

エスニック料理なら、カオ・パット（タイ風チャーハン）もおいしいですよね。エビを加えて仕上げにナンプラーをたらし、パクチーを添えて完成です。


つまり、お米、タマネギ、卵などの素材をベーシックなシャツ、パンツ、カーディガンとすると、小物は「何料理なのか」を決めるスパイス。

だから、ベーシックな服なら、小物の選び方しだいで、いろいろなコーディネートができてしまうのです。

でも、バッグとアクセサリー、靴のテイストが合っていなければ、とたんにちぐはぐなテイストになってしまうというわけです。


また、スパイスが本格的で高価なものなら本場レストランの味に、いつものお手頃価格のものなら気軽な食堂の味になるように、高級なバッグやアクセサリーを使えば品のいい装いになるし、気軽な値段の小物でコーディネートすれば、気軽な装いになるのです。

◆どんな「テイスト」で揃えるか

つまり、どんな料理を作るのかが決まらなければ使うスパイスも決まらないように、まずは服のコーディネートをしっかり決めてからでないと、バッグもアクセサリーも選べないのです。

そして、小物選びがわからない、という方は、クローゼットの中の小物のテイストが揃っていないことが多いもの。オイスターソースと洋風ブイヨンだけでは、味が決まりませんよね。それと同じです。

今、あなたのお家の冷蔵庫には、どんなスパイスが入っていますか?

冷蔵庫の中のスパイスを見れば、その人の「食」の嗜好性《しこうせい》がわかります。

クローゼットは冷蔵庫と、とてもよく似ています。

あなたが持っているバッグやアクセサリーは、あなたがどのようなファッションのテイストが好みかを暗黙のうちに語っているのです。

「私らしさ」を語るバッグ

「あの人のバッグ、素敵でしたよね！」

ある日、パーソナルスタイリングのクライアントとデパートの中を歩いていた時、ある女性とすれ違いざま、同時に目を合わせ、小声でそう言っていました。

それは、大ぶりな四角い封筒型でライトグレーのフルラのバッグ。服装はシャツにジャケット、ホワイトジーンズ。

なんということはない格好でした。でも、思わずふり返りたくなるような知的で清潔感溢れる素敵な女性として、きらりと輝いて見えたのです。

手ぶらの女性を街中で見かけることは、ほとんどありません。みなさん、それそれにバッグをお持ちです。そして、バッグを見ると、その女性の「今日の予定」がだいたいわかってしまうから不思議です。

A4サイズが入りそうなスクエアのバッグには、今日仕事で使う書類が入っている？　ミニサイズのレザーバッグには、パーティ用の華やかなリップ？　シンプルなエコバッグから覗くのは、通っている教室のテキスト？

こんなふうに、あなたは無意識でも、バッグはあなたの1日をまわりに伝えているのです。

◆あなたの1日をワクワクさせるバッグとは

誰もが何気なく持っているバッグですが、想像以上にあなたの印象に大きな影響を与えています。

小ぶりで上質、ひと目でブランド物とわかるベージュのバッグは、その存在感で持つ人の雰囲気をさりげなく格上げし、執事のように賢く持ち主にお仕えしています。反対に、擦り切れたバッグや、明らかに手入れをしていない薄汚れたバッグは、どんなに素敵な服でも一瞬で台なしにしてしまいかねません。

つまり、バッグはその人の「志向性」や「ライフスタイル」そのものを雄弁に語ってしまうのです。

◆私がたどり着いたバッグは、これ

色、形、サイズ、素材……女性がバッグに求めるものは、ライフスタイルの数だけあると言ってよいでしょう。つまり、十人十色。

でも残念なことに、あなたの要望を満たすバッグには、なかなか出合えないことが多かったかもしれません。だから、「自分に合うバッグの選び方がわかりません」と、ほとんどの方がおっしゃるのでしょう。

かくいう私も、バッグ選びには、何度も失敗してきました。

ある時、出張先で荷物の重さに耐えきれずバッグの持ち手が取れてしまい、困ったことがありました。それを機に初めて購入したのが、フェラガモのバッグ。さすがにブランド物だけあり、作りはしっかりしていて、手のひらに豆ができるほどの荷物の重さにもしっかり耐えてくれました。

次に購入したのは、エルメスのバーキン。やっぱり一度は憧れますよね。でも、意気揚々といつもの書類や小物を入れて出かけたのですが、あまりの重さに1日でコリゴリ……。

大枚を投入したものの、友人の経営するリサイクルショップに直行でした。ほかにも、エルメスのエールリュックは、中身の取り出しに手間がかかり、こちらもさよなら。

いろいろ試した結果、グッチやフルラなど、丈夫で作りがしっかりしていて機能的で、バッグそのものが軽いものを選ぶことが多くなりました。

とくに大人世代になってからは「軽量性」「利便性」は見逃せないポイントに。

その点、プラダのナイロンや、ステラ マッカートニーのエコレザーなどの軽量なもの、しかも斜め掛けできて両手が空くショルダータイプのものは、私自身、お出かけでよく使っていますし、クライアントにおすすめすることも多いです。

一方で、軽さ・気軽さという点では、今の時代ならエコバッグという選択肢もあり。色やロゴなどお気に入りを見つけるのが楽しいですよね。

また、最近はカラフルなプラカゴバッグをお出かけ使いするのも人気。メキシコ産やベトナム産のビニール素材のカゴバッグは軽くて使いやすくプチプラで、その上、編み込み模様がバリエーション豊かで人とかぶりにくいです。

私をふくめバブル時代を経験した方たちは、たくさんのブランドバッグを使ってきたのではないでしょうか。バッグには、そのブランドならではの特性や精神、背景が顕著に表われますから、自分のライフスタイル、目指す方向に適切なものを、慎重に選びたいものです。

◆このポイント3つで選べば間違いなし

バッグ選びには、3つのポイントがあります。

①目的（行く場所に相応しいか）
②色とデザイン（コーデのアクセントになっているか、自分らしさが出ているか）
③スタイル／メッセージ（自分らしさを伝えているか）

この項のはじめに紹介した、フルラのバッグを持つ女性が素敵に見えた理由は、この3つのポイントをきっちり押さえていて、「どのような女性であるか」が一瞬でこちらに伝わってきたからです。

大きめのバッグを持っているのは、きっとお仕事中だから。ライトグレーは、知的で清潔なイメージ。フルラはイタリア生まれのハイブランド。イタリアならではの斬新で先進的なイメージを取り入れながらも普遍的で、暖かみとエレガントさで働く女性をかっこよく見せてくれるブランドのひとつです。

私も、バッグ選びは3つのポイントでご提案します。

①目的（行く場所に相応しいか）

たとえば、一流ホテルのランチでエコバッグやカゴバッグは絶対NG！

スマホ、ポーチ、小さなペットボトル、財布、時には折りたたみの傘、これらが入り、機能的かどうか。

②色とデザイン（コーデのアクセントになっているか、自分らしさが出ているか）

モノトーンやベーシックカラーのシンプルな素材の服に、色どり、アクセントを添えるもの。華やかな色のバッグを添えると印象的なコーディネートに。

③スタイル／メッセージ（自分らしさを伝えているか）

大人ならではのキレイな雰囲気があるか。その人ならではの個性や魅力が出ているか。

ということで、シンプルなワンピースや無難なトップス&ボトムであっても、その人らしいバッグを持つことで個性が一瞬にして輝き出します。

ちなみに**私は年に数回しか使わない高価な一流ブランドのバッグは、サブスク・レンタル**を利用することもあります。今の時代、賢く活用したいものですね。

また、もうひとつ大切なのは、日頃のお手入れ。3章でも触れた通り、大人世代には「清潔感」こそ最重要であり、ディテールにはしっかり気くばりをしたいものです。バッグ用の防水スプレーとから拭き用の布、汚れ落としのクリーナーは必需品でしょう。外出先でお水やお茶がかかっても、さっと拭くだけで大丈夫ですし、バッグの革の色が服に移るのを防ぐこともできます。

月に一度は、きちんとお手入れをして清潔感をキープしたいものです。

「バッグだけ浮いてしまう」をなくすには

ハイブランドのバッグは素敵ですよね。自立した大人世代こそ上手に取り入れたいアイテムです。

でもその一方で、これ見よがしにブランド物のバッグを持っていると、バッグだけが浮いてしまい、「残念な人」と見られてしまうことも……。

服は安っぽいのに、バッグだけブランド品を持っている女性に、違和感を覚えたことはありませんか？　それは、持ち主よりも、そのブランドが前面に出ていて、「浮いて見える」からです。

ブランド物のバッグを持つ時は、「私に仕えなさい」と家来にするほどの意識と、それに相応しい服装が必要なのです。

高級品といわれるブランド物には、そのブランドの歴史、一流のデザイン、選び抜かれた素材から生まれるパワーがあります。

それを持つ人に「バッグに相応しい自分である」という自信があれば、バッグがその「存在感」で、あなたが「素敵で魅力的な人である」とアピールしてくれるはず。

「ブランド物のバッグを持っているから、安心」なのではなく、ブランド物のバッグを持つ時こそ、服とのコーディネートにはとくに気をくばりたいものです。

◆ブランドロゴの落とし穴

たとえば、ヴィトンのモノグラムも、チョコ茶とベージュの服のコーディネートで持つと、とてもおしゃれです。それが「ジーンズ、ヨレヨレのTシャツにヴィトンのバッグ」となるから、コーディネートが複雑・難解になり、ちぐはぐになってしまいがちなのです。

この場合、服の素材とバッグの素材のバランスなども考えると、ジーンズと清潔感のあるTシャツに、たとえばエルメスの布製のガーデン・パーティなどを持てば、ワンランク上のキレイめカジュアルが完成するでしょう。

ブランドロゴは前面に出ていませんが、選び抜かれた上質な革と、艶やかな太いコットン糸で端正に編まれたキャンバス地とを組み合わせたバッグは、エルメスならではの上質さ。ジーンズやシャツと同じコットン素材を使っているので、自然に統一感が出ます。


ブランド物のロゴバッグを前面に出して、その後ろに自分が隠れる。そういう持ち方をすると、せっかくの高価なバッグだけでなく、自分の品位まで下げて「残念な人」となってしまうことになりかねません。

大人世代こそアクセサリーを〝お守り〟に

どんなに素敵な服も、仕上げとなるアクセサリー選びでコーディネートの雰囲気がガラリと変わります。ベーシックカラーの黒・紺・ベージュ・白の服に、大きなターコイズやカラーストーンなど、アクセサリーをひとつ足すだけで、コーディネートがイキイキと輝き出すのです。

アクセサリーは、お料理にたとえると「香り」や「テイスト」に当たり、料理全体の完成度を大きく左右しますし、その店独特の個性や評判に関わる重要な役割を果たすもの。

そして何より、アクセサリーはいつも自信と元気を与えてくれてテンションが上がるもの、人生に長く寄り添ってくれる、上質で愛着の湧くものを揃えておきたいものです。
あなたにピッタリのアクセサリーを選ぶためのポイントは次の4つです。

①スイッチ効果（つけた瞬間に気持ちが上がるものを）
②着ている服を引き立たせる色や材質（色・感触、表面の特徴を服と合わせる）
③テイストを合わせる（雰囲気や持ち味を統一する）
④レフ板効果（顔まわりに光と輝きを集める）

それぞれについて、詳しく見ていきましょう。

①スイッチ効果（つけた瞬間に気持ちが上がるものを）
そのアクセサリーを身につけたら、どんな気持ちになりますか？　身につけた瞬間、ワクワク楽しくなる、**なんだか自信が湧いてくると思えるものを選ぶことが大前提です。**

②着ている服を引き立たせる色や材質（色・感触、表面の特徴を服と合わせる）

一番簡単で失敗しないのが、身につけている服やバッグの中にある色を拾い、同じ色のアクセサリーをつけること。

インディゴブルーのジーンズとターコイズ、ウエディングドレスの白にパールの組み合わせが「普遍の組み合わせ」であるのと同じです。

自分が普段よく着る色が、落ち着いたベーシックカラー、たとえば「ネイビー・黒・こげ茶・グレー・ベージュ」の場合には、光を集め、瞬時に華やかになるラインストーン（ファセット・カットを施して内側から輝くように見せる水晶、ガラスなど）や、ゴールドやシルバー色のよく磨かれたステンレス、銅、銀、メタルなどの金属系素材の大ぶりなものを選ぶとよいでしょう。

また、黒やグレーの服が多い方はプラチナ系の銀色を、チョコ茶やベージュが多い方はパールやゴールドを合わせるのがおすすめです。

③テイストを合わせる（雰囲気や持ち味を統一する）

ひとつつけただけで存在感のあるボリュームネックレスは、服よりもネックレスの持つテイストが前面に出てしまいます。今日の自分は何テイストなのか？**アクセサリーが目指すテイストと、服のそれとが同じであることが大切です。**

たとえば、「エレガント・テイスト」にしたいなら、細めのチェーンで繊細なデザインのネックレス、指輪、ブレスレットを。

「カジュアル・テイスト」にしたいなら、太めのチェーンと、太めのベルトを。

「エスニック・テイスト」にしたければ、手作りビーズを編み込んだハンドメイドの革ひもタイプのネックレスに、同じようなビーズが使われているフープのピアス（イヤリング）というように、同じテイストのものをつけるのです。

また、ネックレスがゴールド系の金属なら、ピアスやブレスレットも同じゴールド系にするというように、金属系は「質感」と「色」を統一しましょう。

ネックレスとピアスは、大きさのメリハリをつけることが大切。

ネックレスにボリュームがあるならピアスは小さく抑える。イヤーカフや大きなピアスの時は、ネックレスはつけないか、ごく細いものにして、テクスチャー（質感、模様など）が同じ大ぶりなバングルをつけると素敵でしょう。

④レフ板効果（顔まわりに光と輝きを集める）

これこそが、大人世代がうまく活用したい効果！　**ラインストーンや光沢仕上げの金属、ツヤツヤとしたパールは、顔まわりに光を集める効果があります。**くすんだお肌を、いつもよりぱっと華やかな印象にしたい時に役立ちます。

ラインストーンは石が取れやすいという弱点があるので、少し高価でもスワロフスキーなど、アフターメンテナンスに対応してくれるブランドを選びましょう。

パールもツヤツヤとした光沢が素敵ですが、旧来の一連のものは、コンサバすぎた印象になりがち。最近は軽くてデザインも豊富なコットンパール、カジュアルなデザインのバロックパール（形の不揃いなパール）のものも、たくさん出ています。ジーンズなどカジュアルな装いとも相性がよく、キレイめカジュアルの仕上げにピッタリ。持っていると便利です。

「大胆なアクセサリーは、つけ慣れなくて……」という方は、バングルなど、「顔から遠いところ」からつけ始めると、慣れていくことができると思います。

また、アクセサリーは、ショップで大きさや、つけた時の感じを確認してから買うようにすると失敗がありません。

とくに、インパクトの強いデザインのものは、「この服につけたい」と思う服を着て、お店で実際にテイストが合うか確認してみると安心です。

プチ系は、「買ったけれど、似合う服がなかった」といった失敗はあまりありませんが、個性が強いものほど、しっかりイメージを確認したいものです。

ちなみに、私が持っているアクセサリーの数は、それほど多くありません。同じものを大事に大事に使っています。仕事でもお出かけでもよく使うのは、120センチのコットンパールのネックレス。プチプラの服に合わせても、服を格上げして〝それなり〟に見せてくれますし、大ぶりなわりに、長時間つけていても首が凝《こ》らないので重宝しています。

また、20代の頃から使っているのが、ロンドンのポートベロー・マーケットの蚤《のみ》の市《いち》で買ったアンティークのオニキスの指輪。スクエア型でクラシックな雰囲気があり、指を動かすたびにかすかに光り、モードな気分を味わえて、気に入っています。**プチプラ服にも自信を与えてくれる〝お守りアクセ〟**を持っておくと、とても頼りになります。

◆なぜ私はシャネルのブローチをつけるのか

ジュエリーやアクセサリーは、「身につける」というよりは、「心に直接重ねるもの」なのだと実感しています。

私が仕事に出かける時、鏡の前で必ず身につけ、心に重ねるものがあります。それは、「シャネル」のブローチ。

ココ・シャネルは、女性をコルセットから解放し、自由に闊達《かったつ》に生きることができるようにとの願いを込めて、服作りに生涯を捧げました。

彼女の生き方は、私の憧れ。私も、同じように服作りやブランド戦略の場で多くの女性を幸せに導くことができるよう願ってきました。

初めての著書を出版した時、私は初めてシャネルのロゴマークのブローチを購入しました。その時まで、

「シャネルのマークがひと目でわかるなんて、わざとらしい」

と、どこかで敬遠していました。でも、著者として世に出るという覚悟と、揺らぐことのない志を持ち続けるために、私はシャネルに誓いを立てました。

「あなたが女性をコルセットから解放したように、私はファッションの悩みから女性を解放します」

シャネルのブローチは、「尊敬するシャネルを身につけるに相応しい自分であること」という、私自身との約束の証でもあるのです。コーディネートの仕上げにこのブローチをつけた瞬間、スイッチが入り、凛とした気分になります。

瞬時に自信をくれる！　魔法のネックレス

私がいつもパーソナルスタイリングを行なうデパートで、選んだ服を着ていただいたまま よく行くのが「スワロフスキー」の売り場です。

スワロフスキーといえば、ダイヤモンドにも負けないくらいの輝きを放つ高品質なクリスタルガラスで、小物からアクセサリーまで、高級感漂う輝きで世界中の女性を魅了し続けているブランドです。

2021年にはモダンに進化した「カラーストーンジュエリー」が仲間入りし、毎日つけたいカジュアルな商品も豊富に揃っています。

私が、あるお客様のために選んだのは、鎖骨にかかる長さの、流れるようなラインの美しいシルエットに、クリアクリスタルのパヴェ（「石畳」を意味する。小粒のクリスタルをしきつめたもの）を施した、「フィデリティ」というネックレス。

時代を超越した優美なデザインは、昼夜を問わず、どのような装いにも洗練された雰囲気を添えてくれます。

「えっ、派手すぎると思ったけれど素敵！　なんだか、顔がすごく明るく見える」

身体のラインに柔らかに沿うワンピースにジャケット姿の彼女が、一瞬にして華やかになり、とくに顔まわりが明るく輝いて見えました。

それは、まわりの光を集めて反射させるクリスタル特有の輝きが、顔に光を映すからなのです。

◆クリスタルの輝きで表情まで華やぐ

スワロフスキーを日々、つけこなしている販売員さんからも、「ジーンズなどのカジュアルなスタイルにも、顔まわりを華やかにしてくれるので、とても素敵ですよ」とのアドバイスをいただき、もちろん、彼女はその場で即決して購入されました。

選んだアクセサリーをつけた瞬間、どの女性も表情が華やぎ、内面から明るい光を放ち始めます。

スワロフスキーは、5万円くらいあれば、ネックレスとピアス(イヤリング)で素敵なセットが買えます。どんな服にも合い、長く使えるものが多いので、本当におすすめです。

スマホ時代こそ、時計にこだわりを

今や、「時間を確認するのはスマホで十分」「時計はつけなくなった」という人は多いかもしれません。でも、だからこそ、アイデンティティや大人ならではのクラス感を伝える重要なものとして、本当に気に入った時計を選びたいものです。

以前、スタイリングのご依頼をいただいた方から、「時計を一緒に選んでくださいませんか?」というリクエストがありました。

現在お持ちの時計は「カルティエ・タンクフランセーズ」。結納の時にご主人から贈られたそうですが、40代後半の今、50代に向けて自分に相応しい時計を選びたいとのこと。

現在、日本では、スイスの名門マニュファクチュールから、ハイブランド・ジュエラーの時計まで、本当にたくさんの種類の時計を買うことができます。時計はメンテナンスしだいで何百年も生き続けます。

私の手元にある40年ほど前にロンドンで購入したロレックスのレディースウォッチは、1920年代に製造された、アールデコ・デザインのスクエア型。今でもねじを巻けば、チッチッチッと軽やかな音を立てながら、ちゃんと動いてくれます。

◆アンティーク時計が教えてくれたこと

20代の頃、経営するアンティーク・ショップのための買い付けで、頻繁にロンドンに通っていた時期があります。とくに印象深いのが、アンティーク時計の買い付けです。アンティーク時計の商人たちは、薄いアタッシェケースひとつでバイヤーのみが知る「秘密の場所」にやってきます。

鍵のかかったアタッシェケースが開くと、そこには宝石のように美しい時計たちがズラリ！　あまりの迫力に、毎回、胸がドキドキしたことを今でも鮮明に思い出します。

そして、美しく高価な時計ほど、裏にイニシャル、またはネームが刻まれていることが多いのです。

ある時、時計商人にそのことを尋ねると、

「イギリスの貴族や上流階級では、メッセージや願いを込めて、代々で時計を受け継ぐという習慣があるんだ」

と教えてくれました。

私にも母から譲り受けた宝石がありますが、残念なことにデザインが古めかしいのでリフォームが必要でした。しかし、デザインが完成された時計であれば、時代を超えて持つことができ、やがて「アンティーク」や「ヴィンテージ」になるのです。

◆これからの人生に寄り添う時計選び

その時計の歴史をたどることで、「自分にフィットするかどうか」の手がかりが見つかることがよくあります。

たとえば、1860年、スイスのジュラ山脈地方にルイ＝ユリス・ショパールが開いた老舗《しにせ》の時計工房、ショパール。そのショパールが1976年に発表し、今なお世界中の女性の羨望《せんぼう》を集めているのが、「ハッピーダイヤモンド」です。

ハッピーダイヤモンドは、2枚のサファイアクリスタルの間に文字盤が挿入されています。そして、その文字盤の上をダイヤモンドが自由に動くデザインは革新的で、自由・幸せな女性へのオマージュになっています。

カルティエ、ブルガリ、オメガ……気になるブランドの時計の歴史をたどってみてください。素敵な感動とともに、あなたに相応しい〝出会い〟があるものです。

時計こそ、その人のライフスタイルが滲《にじ》み出るもの。仕事の時はいつも同じ時計が好きという人もいれば、気軽な値段のものをいくつか持ち、ファッションに合わせてバングルのように時計のおしゃれも楽しみたいという人もいるかもしれません。

まずは「自分にとって、どういう時計が必要なのか」を、今あらためて考えてみることが、新しい自分の発見につながるはずです。

左手首には「愛の物語」を！

私は10年ごとに、新しく始まる未来の自分像を描き、「その時計に相応しい自分になれるように」と願いを込めて、仕事用の時計を選んできました。

20代、アンティークを知る前は、トレンドに合うファッション時計を使っていました。そして、アンティークの買い付けでヴィンテージ時計を知り、選び抜いたのは、前項にも書いたロレックスのアンティーク。アールデコのデザインの、エレガントでスポーティなもの。ほかにも、凝ったデザインのアンティーク時計を服に合わせてつけ替えていました。

30代は仕事で独立した記念にショパールや、ハミルトンの「レプリカ」、40代はショーメというように、じっくり吟味して、買い揃えてきました。

そして50代になる自分のために購入したのは、ジャガー・ルクルトのレベルソフローラル ケースダイヤ。その歴史と、時計としての性能を探求する情熱にほれ込んだこと、そして、なんといっても完璧に美しいフォルムに心を奪われ、「職人芸術」と賞賛される高性能な時計に恥じない自分を目指して購入しました。

60代はショパールの「ハッピースポーツ」コンビモデル。キラキラ輝きながらクルクル動くダイヤモンドの意匠が、還暦を迎えた私に元気を与えてくれると感じたからです。

一方で、Apple Watchに代表されるスマートウォッチも利便性に優れていますし、私たち大人世代には健康管理などにも役立つ優れもの（エルメスから出ている革ベルトなども素敵ですよね）。

時代の気分を軽やかにキャッチして、アナログとデジタルの両方の利点を心得つつ、自分のライフスタイルにあった一本を選びたいものですね。

◆装いのアクセントとなる〝最愛品〟

私には一人娘がいます。娘が社会人2年目になった時、「その時計に相応わしい女性になってほしい」という思いを込めて、カルティエの「コリゼ」を贈りました。ジュエラーでもあるカルティエが1970年代に復活させた、ヴェルメイユという技法（銀無垢に金をはったもののことを指し、西洋骨董、とくにフレンチアンティークでよく使われてきた。銀のずっしりとしたボリューム感と、ゴールド独特の華やかさの両方を併せ持つ）を使った、なんとも可愛らしく、知的で上品なフェイス。私がつけるには可愛らしすぎて、いつか娘がこの時計に相応しい年代になったら贈ろうと思っていたのです。

実は、カルティエとジャガー・ルクルトは、兄弟のようなもの。「腕時計の歴史の始まり」ともいわれるカルティエの腕時計（サントス）は、エドモンド・

ジャガーの技術なくしては誕生しえなかったのです。
つまり、カルティエとエドモンド・ジャガーとの出会いが、「歴史の名品」と呼ばれる素晴らしい時計を世に送り出したということ。

スタイリングに溶け込ませるため、ベージュのクロコダイル革のベルトにつけ換えようと、ルクルトとコリゼを持ち、娘と一緒に時計修理の工房に行きました。娘と共に刻む〝頼れる相棒〟として、娘には定期的にメンテナンスしながら、大切に使ってほしいと思います。

ちなみに、私は2年に一度、銀座和光で革のベルトを交換しています。和光の時計売り場には、上質なクロコダイル革の発色の美しいベルトがカラバリ豊かに揃っています。パリのカフェで人間観察していると、カップを持つマダムの袖口から覗く鮮やかな色の時計ベルトに目を奪われることがよくあります。ネイビーやグレー、黒などのベーシックカラーに華やかな色のベルトは、アクセントとしても活躍してくれます。

コーデが決まる、はき心地のいい靴

「自分の足に合う靴が、なかなか見つからない」という相談をよく受けます。足に合わない靴をはいていると、足は痛いし、気分もグッタリです。

私もかつて、「ジェリービーンズ」というシューズブランドを立ち上げてプロデューサーをしていた頃は、毎日、最先端トレンドのハイヒールをはいて過ごすことがありました。でもそのように脚に負荷をかけたのが原因で、二度もヒラメ筋を切ってしまい、ギプス生活を余儀なくされたことがあります。

ですから、〝靴の悩み〟から女性を解放したいと、私はつねづね願っています。

◆「痛くて、はけない！」は、なぜ起こるのか

靴作りは、その年のトレンドに合わせて、木で靴の原型となる形を削り出すところから始まります。年によってはつま先がまるい形だったり、ツンと尖《とが》っていたりします。その木型を原型に鉛で金型を作り、そこに革を合わせ、ギュッとのばし、靴の形に整えていくのです。

ということは、そのブランドの「木型」と「自分の足」が合わなければ、何足試そうと、あなたに合う靴にはめぐり合えないということです。

ジミーチュウやクリスチャン ルブタン、フェラガモなどの靴は本当に素敵。眺めているだけでも、うっとりしますよね。

でも、それらのブランドは基本的に、甲が薄く幅が狭いヨーロッパの人の足を基本に作られたもの。日本人の足には合わないことが多いのです。

だから、「痛くて、もうはけない！」ということになってしまうのです。

もちろん、外国製のものでも、あなたにフィットする靴はあるでしょう。でも、日本人は比較的、甲の部分が厚くて横に広い足を持つ人が多く、外国ブランドの靴はあまり合わないことが多いのです。

〝ジミーチュウの女〟は地下鉄に乗らない

1章でも少し触れた通り、そもそも、年齢を重ねた私たち大人世代にとって、ヒールの靴は体力的にキツいものがありますが、ここで、閑話休題《かんわきゅうだい》。ヒール靴にまつわるエピソードをひとつ。

パリのディオール本店のショーウィンドーを眺めていたら、私の背後にスーツと黒いベンツが停まりました。

ふり返ると同時に目に飛び込んできたのは、10センチはあろうかという華奢《きゃしゃ》なハイヒールに包まれ、美しくお手入れされた、すらりとのびた脚でした。

足が地面に着地すると同時に、店の中からディオールの販売員が恭《うやうや》しくお出迎え。映画のワンシーンのような光景は、今でも鮮明に目に焼き付いています。

それはまた、ヨーロッパのハイブランドは、階級社会と貴族たちに育まれてきたのだと実感した瞬間でもあります。

実際、ヨーロッパに行っても、ジミーチュウやルブタンの靴を電車の中ではいている人を1回も見たことがありません。

あれは、「街を歩く」ためのものではなく、運転手つきの車で「ドア・トゥー・ドア」で移動するような人たちのための靴なのです。

アメリカの『VOGUE』誌の編集長のアナ・ウィンター(1949年生まれ)も、いつも素敵なパンプスをはいていますが、パリコレの会場を回る時は手帳だけを持ち、車で移動します。「アナ・ウィンターと地下鉄で会いました」ということは、ほぼ100%ありません。

つまり、いくら美しくても素敵でも、「特別なシーンにしか似合わないものがある」ということ。

ヒールが高くて華奢な外国ブランドの靴がはきたければ、パーティなどその会場まで持っていき、そこではき替えるのが賢明、というわけです。

私自身も職業柄、講演会やセミナーなどで登壇することがあり、ヒールでキメたいときもあります。でもそれは、人前に出るタイミングだけ。行き帰りはフラットシューズやスニーカー。会場ではき替えています。

ちなみにケリーバッグも、本来は、電車に乗って持つバッグではありません。グレース・ケリーのような、財布も持参する必要のない人が持つものなのです。

◆〝7センチヒールの呪縛〟からの解放

そもそも、高いヒールは街中を歩くためのものではない、というお話をしました。それに、若かりし頃はスタイルをよく見せるべく高いヒールで1日中頑張れたかもしれませんが、大人世代となれば、そうもいきません。「足が痛い」上に、「気張っていてなんだかイタイ」ということにもなりかねませんから。

うれしいことに、ファッションの流れが「コンサバ」から「カジュアル」に移行している中で、靴も、おしゃれではき心地のよいフラットシューズやスニーカーのバリエーションが増えています。

では、大人世代はどんな基準で、選べばよいでしょうか。ポイントを簡単にまとめてみました。

①足の形に合ったものを選ぶ↓合わないものをはくと、身体を痛めてしまうので要注意

②どちらにしようか迷ったら「はき心地」を優先↓「はき心地」の悪い靴を無理してはき続けていると、立ち姿も歩く姿も美しく見えません

③ボトムやタイツの色を拾う↓靴の色は、よく使うボトムの色に合わせる

④バッグの色とのバランスを考える↓バッグと靴の色を揃えるとコーディネートがまとまりやすい。一方で、バッグとのカラーコーディネートを楽しむのもおすすめ

⑤靴の用途を調べる↓普通のローファーに見えても、底はドライビングシューズということもあるので、要注意

なお、実はドレスコードで一番注意したいのが、靴。

たとえば、式典（冠婚葬祭）などあらたまった席では、足の指や甲が露出しているタイプのサンダル、ミュール、オープントゥの靴やブーツは厳禁。格式に

よってはバックストラップもNGなど、決まりがあります。
セレモニーに出かける前にしっかり確認しておきたいものです。

また、忙しくてゆっくり買い物をする時間がとれないという人は、約5000ものブランドを取り扱う靴&ファッション通販サイト「ロコンド」などを利用するのもおすすめです。

フラットシューズ、スニーカー、ブーツやサンダルも送料無料で送ってくれ、自宅でゆっくりと試着・吟味できます。30日以内であれば、返送料無料で返品できます。

5章

理想のクローゼットが作れる「カプセルコーデ」

……「一軍だけ」の服で、もうコーディネートに迷わない！

少ない服で「私らしさ」を見つける3つのワーク

あなたのクローゼットに必要なのは、あなたが心地よく幸せに生きていくための服だけでいい。野球にたとえるなら、一軍の、メンバー全員がスター選手という、最強のチーム。

でも今はまだ、「安いから買った服」「トレンドだから買った服」「いつ買ったか思い出せないほど古い服」などで、クローゼットの中がごちゃごちゃしているのではないでしょうか？

「何となく」服を選んでいたのでは、いつまでたっても「自分を素敵に見せる服」がわかりません。どこから手を付ければよいかわからないクローゼットを整理するには、次の3つのワークを実践すると効果絶大です。

ワーク①「なりたい自分」のビジョンマップを作る
ワーク②「何を手放すか」を決める
ワーク③　未来に着る「目的別カプセルコーデ」を作る

どれもやや手間はかかりますが、この3つのワークでクローゼットの中は激変し、かなりスッキリすると思います。また、「似合う」「これから着る予定」のものばかり集まっているので、クローゼットを開けた時の気分もワクワクするはずです。

ライフステージや生活環境が変わるたびに、このワークの内容を繰り返せば、新しい環境に応じて自分を進化させていくことができます。私自身も、仕事のステージが変わったり、還暦を迎えたりと、人生の節目を迎えるたびに、このワークを繰り返して新しい夢を叶えてきました。この考え方を取り入れることで、ファッションがシンプルで、自分らしさを大切にした、心地よい生活の一部となっています。一生使えるワークですから、ぜひ実践して身につけてくださいね。

―ワーク①―「なりたい自分」のビジョンマップを作る

「なりたい自分をイメージする」というのは、自分の理想像や目指したい姿を心の中で具体的に思い描くことです。毎日の選択や行動に方向性を持たせ、より充実した人生のための指針を得ることができます。

なりたい自分を思い描くためには、自分がどんなライフスタイルを送りたいのか、どんな価値観を大切にしたいのかを明確にすることが大切です。

イメージは、ただ夢を見るだけでなく、その瞬間に自分を未来へと引き寄せる力を持っています。あなたはどんな服を着て、どんな言葉を口にし、どんなライフスタイルを送りたいのか、どんな価値観を大切にしたいのかを明確にすることが大切です。

「心豊かでごきげんな毎日」「健康のために、毎日1万歩」「1年後に船旅で世界一周」など、具体的なビジョンを描いてみましょう。理想の自分を具体的にイメージすることは、行動の原動力になり、日々の選択がより充実感のあるものへと変わります。

「ビジョンマップ」という言葉自体は、ビジネス書などで目にしたことがあるかもしれません。**雑誌、インターネットなどから好きな言葉や写真を拾ってきて、台紙の上にコラージュする**というものです。

「なりたい自分」をビジョンマップという形にする理由は、頭の中でなんとなくイメージしているだけでは、ワードローブの軸がブレやすくなってしまうためです。頭の中のイメージだけを頼りに買い物をすると「色は揃っているけどテイストがバラバラで、私はいったいどこへ向かっているの?」という、ちぐはぐなワードローブになってしまうことがあります。

でも、イメージを言語や写真で具体化したビジョンマップを作っておくと、そうした混乱を防ぎやすくなる。つまりビジョンマップは、ファッションという大海に下ろす錨《いかり》であり、あなたを未来へ導いていく道しるべなのです。

ビジョンマップ作りは、手作業でもパソコンでもやりやすいほうでかまいません。ただし、完成後はクローゼットの近くに貼り付けておきたいので、データで作った場合は紙に印刷するようにしてください。

そして、最も大切なのは「ワクワク」と「自分の未来を信じる」ことです♪

楽しみながら作ってください。では具体的な作り方を説明しましょう。

ステップ1　自分の「コンプレックス」を知る

ビジョンマップ作りのファーストステップは、自分の「コンプレックス」を知ることです。コンプレックスという言葉を聞くと、どうしてもネガティブな印象が湧くかもしれません。でも、コンプレックスをただ隠したり避けたりするのではなく、真剣に受け止めることには大きな意味があります。

「自己理解が深まる・本当の自分を受け入れる・新たな挑戦への原動力になる」というように、ここではコンプレックスを「欠点」ではなく、「個性・魅力」と捉え直して、次のページのワークシートに書き込んでみましょう。

〈例〉太っている　↓　おおらかに見える、丸くて可愛い　など

ふんわりと甘い、おいしい卵焼きを作るのに必要な調味料は、砂糖だけではありません。ひとつまみの塩が入るからこそ、甘みが引き立っておいしい卵焼きになるのです。

あなたがコンプレックスだと思ってきた部分こそ、その「ひとつまみの塩」。

あなたという存在を構成している大切な要素のひとつであり、あなたの魅力を引き立てている部分なのだと思えたら、自信を持って「なりたい自分」を目指すことができますよ。

Step1 自分の「コンプレックス」を知る

心の中にある自分への評価をすべて出し切るつもりで
書き出してください。欠点は同時に「魅力」でもありますよ。

○ 好きなところ	× 嫌いなところ
性格	
例：明るい・誰とでも話せる	例：強情・子どもっぽい
見た目	
例：健康的・目が大きい	例：太っている・首が短い

ステップ2 「なりたい自分」を言語化する

次は、「なりたい自分」のイメージを言葉にしてみましょう。

「素敵になりたい」「魅力的」「若々しい」など、あなたが「こんな人になれたらいいな」と考えているイメージは、言語化することでより具体的になるからです。

たとえば、私がスタイリングを行なうときにはお客様に「ヒアリングシート」を記入してもらうのですが、その中には「自分の印象の参考にしたい俳優や著名人、偉人を3名ほど挙げ、その人の好きなところを書いてください」という質問を設けています。

〈例〉石田ゆり子さん：透明な清潔感
天海祐希さん：頼りになるかっこよさ
松嶋菜々子さん：上品で優しい笑顔

Step2 「なりたい自分」を言語化する

なりたい自分を言葉に置き換えるだけで、
輪郭が明確になってくるはずです。
「いつかこうなるんだ!」という未来に理想の自分を描くのです!

憧れの女性や俳優の好きなところを
具体的に挙げていくのがポイント!

モデリング

*3名くらいを目安にすると
まとめやすいですよ!

①

②

③

→

なりたい自分(理想)

例:意志が強く、
存在感があり、
リッチ感のある女性

こんなふうに、「なぜその人が好きなのか」を考えて言葉にすると、なりたいイメージが具体的になるのです。

イメージをより具体的にするためには、次のページの図も見てください。これは、いろいろなキーワードを4タイプの「雰囲気」に分類したものです。

ここから「なりたい自分」に近いキーワードを探していくと、「都会的で洗練された雰囲気」の女性になりたいのか、それとも「知的でセクシー」な女性になりたいのかなど、おぼろげだった「なりたい自分」の輪郭がはっきりしてくると思います。

イメージ・雰囲気を膨らませるためのヒント

言語化が難しい時は、下を参考に。
「なりたい自分」を言葉にする手助けとなります。

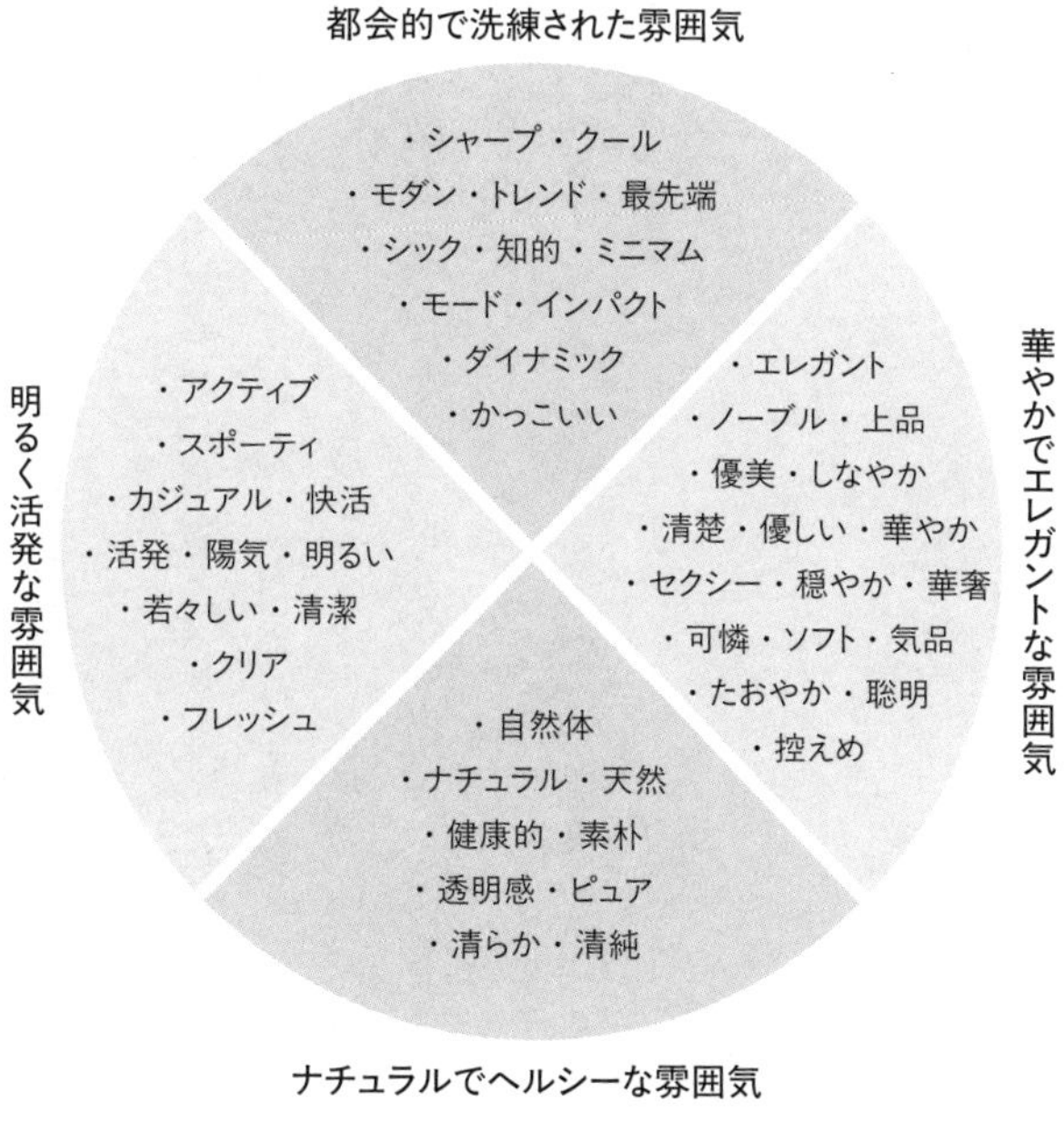

ステップ3　イメージに合う画像や言葉をコラージュする

ビジョンマップにするのは、「今の自分」ではなく、これからの「理想の人生」。「え〜、私には無理」などと遠慮する必要はありません。

また、他人から「いいね！」をもらおうとする感覚で作らないこと。誰かの目から見て立派とか素敵なのではなく、自分が本当に「こうなりたい、これが好き」と思うイメージを大切にしましょう。

「なりたい自分」のイメージが具体的になったら、画像や言葉を集めてビジョンマップを作りましょう。

ビジョンマップ作りのポイントは、次の3つです。

①あなたの理想のキャッチフレーズを入れる

あなたが思い描く「理想の人生」のキャッチフレーズを考えてみましょう。

たとえば「バラ色の人生」「人として美しく」「豊かに、朗《ほが》らかに」「ごきげんな毎日」など、先にもお伝えした通り、イメージは言語化すると具体的になります。

②憧れ・幸福感・満足感をイメージできる写真を貼り込む

「なりたい自分」のイメージに近い画像を集めてみましょう。自分がどんなライフスタイルが好きで、幸福感を感じるのかというビジョンが明確になります。旅行や家での過ごし方など。心地よく幸せな趣味の時間など。

③理想の人生で自分が着たい服を貼り込む

ここで重要なのは、思いっきりうぬぼれて、自己肯定感のボリュームをマックスに上げること。「なれる、なれない」は二の次にして、理想の自分を想像する。「叶ったら最高の人生！」と理想の人生を生きるための服の写真をワクワクしながら選んでください。

↑「ビジョンマップ」のイメージ。写真と言葉で将来像を明確に!

ビジョンマップは、クローゼットの扉に貼っておくと「何を捨てて、何を買い足すべきか」という指針になりますし、スマホにデータ保存しておくといつでもチェックできて自分のモチベーションも上がります。

自分が何を求めているのかがわかるので、「それなら、こんな服が必要だろうな」ということもはっきりわかるのです。

実は、私のセミナーでビジョンマップを作った生徒さんのほぼ100%が、「このワークが一番楽しかったです」「あんなに溜め込んでいた服を驚くほどすんなり捨てられました」と、ニコニコしながら話してくれます。

いかがですか？　ビジョンマップはできあがりましたか？　できあがったら、家族や友人などに見てもらいましょう。

ちょっと恥ずかしいかもしれませんが、ファッションは人に「見られるもの」であり、「魅せるもの」でもあります。「なりたい自分」のイメージにズレがないか、参考材料として人からアドバイスをもらうのは大切なことです。

どうしても人に見せられない場合は、少し時間をおいてからセルフチェックしてみましょう。時間をおくことで、自分が作ったものを客観的にチェックしやすくなりますよ。

ワーク②――「何を手放すか」を決める

呼吸も、まず吐くから、吸えるのです。新しい「いいこと」を呼び込むためには、スペースが必要。そのためにも、賞味期限切れの服、あなたに相応しくない服とは、さよならしましょう。**これからの人生に必要ない服との決別です。**

ステップ1 “何を残すか”を考える(目的別)

まず、クローゼットの中の服をすべて出します。残す服、捨てる服を、自分のライフスタイルに必要な目的キーワードで分類しましょう。たとえば仕事や旅行、ホテルでおしゃれランチなど、あなたのライフスタイルを基準に仕分けします。

実は、ファッションセミナーで一番反響の大きいアクションです。これをすると、今までできなかった服の断捨離が驚くほど簡単に。目的別にすることで、出番のない服が一目瞭然になります。

その時、大切なのは、「おしゃれだから、残す」のではなく、「その服を着る具体的な予定、イメージがあるから残す」という視点です。

ステップ2　服の「賞味期限」をチェック

服には賞味期限があります。毛玉や縮れがある、黄ばみが落ちない、ひざが伸びた、肩や襟のデザインが古い、型崩れした……などは賞味期限切れのサイン。

ステップ3　残す服・捨てる服をテイスト別にカテゴライズ

残す服、捨てる服を「カジュアル」「エレガント」「ナチュラル」「スポーティ」などのキーワードで分類します。

「エスニック」や「モード」など、あなたなりの分類で。「捨てる服」に多かったキーワードの服は、もう買わないこと。

「何を手放すか」を決める

Step1 “何を残すか”を考える（目的別）

- □ 仕事
- □ 旅行
- □ 近所のお出かけ（散歩・スーパー）
- □ お出かけ（ホテル・会食・レストラン）
- □ 習い事（お教室）
- □ スポーツクラブ・ウォーキング

Step2 服の「賞味期限」をチェック

- □ 流行遅れになった
- □ 年齢的に着るのが難しい
- □ 毛玉・縮れがある
- □ 黄ばみ、シミが落ちない
- □ ひざが伸びている
- □ 肩・襟のデザインが古い
- □ 型崩れしている

Step3 残す服・捨てる服をテイスト別にカテゴライズ

- □ 着る回数が多い、大好きな服
- □ カジュアル
- □ エレガント（キレイめカジュアル）
- □ ナチュラル
- □ スポーティ

―ワーク③― 未来に着る「目的別カプセルコーデ」を作る

長年、ファッションの仕事をしてきた私も、本音を言うと、自分のために毎回コーディネートを考えるのはとても面倒です。

そんな時、「ピンタレスト（Pinterest）」が役立ちます。ピンタレストは、インターネット上の画像や動画を集めてコレクションにし、シェアできるウェブサービス。ファッションやインテリア、DIYなど、生活を楽しくするアイデアを発見・整理するツールとして利用できます。

同サービスで「Capsule Wardrobe（カプセルワードローブ）」と英語で検索すると、海外のファッションブロガーによる洗練されたコーディネート画像がたくさん出てきます。シーズン別に、目的別に、体型別にとピンタレストの中にはたくさんの「カプセル」で溢《あふ》れていました。

カプセルワードローブとは、最小限のアイテムで機能的にスタイルを作るという概念で、１９７０年代にイギリスのファッションコンサルタントのスージー・フォックスによって提唱され、世界中に広がりました。少数の厳選された服を組み合わせて、多様なスタイルやコーディネートの服や小物だけでワードローブを作るという考え方です。着回しやすいベーシックなアイテムに投資することで、スペースとお金のムダを防げるというのがメリットです。

カプセルの中身は、トップス、ボトムス、アウター、アクセサリー（ストールやベルト、帽子などの小物も含みます）。コーディネートに必要なアイテムがすべてセットになっているので、出かけるたびに何をどう着ようか悩むこともありません。

実は私もアパレル業界に入ってから、ずっとこの方法で服を管理していました。

そこで、このカプセルワードローブの考え方を基本に、誰もが簡単に自分のワードローブを作れるように考案したのが「カプセルコーデ」です。

カプセルコーデは、「目的別に服を選び、服や小物を1つにセットにしておく」という方法で、「シーズンごとに10セットのカプセルコーディネートを組む」というクローゼットの管理法です。お気に入りやよく着る服をベースに、少しだけ流行も取り入れて目的別にコーディネートを作るので、ムダがないワードローブになります。

この考えで服を揃えていくと、日々の生活の中で、自分に必要な服がわかり、着ない服やムダな服がどれなのかもはっきり把握《はあく》できるのです。そして、色やデザインがシンプルで、組み合わせやすいアイテム、お気に入りの服だけの理想のクローゼットが完成するのです。

カプセルコーデのメリットは、以下のような点です。

1. クローゼットが整理される　持っている服が少ないため、整理整頓が簡単

2. 時間の節約　どの服を選ぶか悩む時間が減ります

3. コーディネートがしやすい　どのアイテムも一緒に合わせやすいので、様々な組み合わせを楽しめます

4. 環境と財布に優しい　購入するアイテムの量を減らすことで、消費を抑え、環境負荷や出費を軽減できます

私のセミナーでこの考えを紹介しているのですが、

・毎朝の「何を着ようか」という迷いがなくなる
・ファッションストレスが軽減され、時間に余裕が生まれた
・厳選したお気に入りのアイテムでコーデすると、毎日快適で、ごきげんに
・クローゼットがスッキリと整理され気持ちいい
・ムダな服もなくなり、買い物に失敗しない

と、毎回、うれしい声がたくさん届きます。

そして、私自身も長年、実践しています。各シーズンに最小限の数でコーディネートが組める洋服リストを作り、目的別のカプセルコーデでクローゼットの中身を管理しています。

シーズン初めにあらかじめカプセルコーデを作り、足りないものや取り入れたいトレンドがあれば少し加える、という手順を繰り返すだけで、つねにスッキリと洗練されたワードローブを保てるというわけです。

ステップ1　過去7日間で着た服を書き出す

まずは、「未来の10セット」を作りやすくするために、今のあなたがここ最近の7日間で着た服を書き出してみましょう。

〈例〉

1日前：仕事（パートなど）

ソフトデニムワンピース、トッパーカーディガン（ボタンがなくさっと羽織

れるデザインのカーディガン）、スニーカー、ミニトート

2日前：料理教室

プルオーバー、ストレッチロングスカート、ライトコート、バレエシューズ

3日前：スポーツクラブ

パーカー風プルオーバー、イージーパンツ、腰丈ブルゾン、スニーカー、大型トート、キャップ、サングラス

4日前：ホテルランチ

ワンピース、ライトコート、ローヒールパンプス、ネックレス、イヤリング、バッグ

5日前：仕事（パート）

プルオーバー、イージーパンツ、ライトコート、スニーカー、ミニトート

といったように書き出していくのです。7日間の服装を書き出して客観的に眺めてみると、いろいろなことがわかります。

「登場回数が多い服は？」「出番が多い小物は？」といった、アイテムの傾向が一目瞭然。自分がよく着る服の傾向や靴の合わせ方などがわかりましたよね。

まさに、ファッションは日々の生活を映すものであり、クローゼットは人生そのものなのです。**今まで何気なく選んでいた服に、あなたならではの法則性を発見したり、意外な好みにあらためて気づいたり……**。今までの服を把握し、分析することで、次なるステップに進みやすくなります。


「なりたい自分になるためには、もう少し上質なワンピースが必要」

「船旅用のエレガントな服がない」

「旅行用の機能的でキレイめなライトコートが必要」

といったことも具体的にわかると思います。

足りない服はリストに書き出しておき、「これから買う」と仮定して次のステップに進みましょう。

ステップ2 目的別カプセルを作る

これから作るのは、あなたの日常の目的別ライフシーンです。左の例を参考に作ってみましょう。たとえば、こんな感じになりませんか？

＊仕事：再スタートやキャリアチェンジ、経験を活かした活動
＊自宅とご近所：家の中で過ごす、近所へ買い物、散歩
＊スポーツクラブ・ジョギング：運動をする
＊お出かけ：会食、ホテルでの集まり、あらたまった席
＊旅行：国内、海外
＊趣味：教室、学び直し

これらはあくまで一例。「なりたい自分」のライフスタイルによっては、ビジネスフォーマル服が必要ない方もいれば、プライベート服がもっと必要という方

もいるかもしれません。合計10セットになるように、項目を足しましょう。旅行も、国内の温泉に行く際、海外のリゾートに行く際ではコーデ内容が変わりますよね。その場合は、セット数のバランスを調整してください。

目安としては、春・夏・秋・冬の各シーズンで使う服の枚数は18～20着、シューズ、バッグなどが2～3セット。

繰り返しになりますが、大切なのは、「なりたい自分になれる服」「これからも着ていきたい服」「コーディネートで使う服」以外は、カプセルコーデに入れないことです。

ビジョンマップと照らし合わせながら不要な服をすでに選《え》り分けているはずですが、ここでクローゼットに戻さないように気をつけてくださいね。

ステップ3 小物をまとめておく

4章でも、服だけに限らず、アクセサリーや靴、バッグなどの小物は、ファッションのトーンや雰囲気を決める重要な役割を持っているというお話をしました。

小物を上手に取り入れることで、**全体の印象を一瞬で変え、全体がトータルコーディネートされているように見せられます。**

あらかじめテイストごとに小物をグループ分けしておくと、コーデが簡単、便利になります。小物はお料理にたとえると、スパイスと同じ働きをするからです。

たとえば白いごはんに梅や胡麻を混ぜ込むと和風に、チャーシューやネギで炒めて中華風に、キノコ、魚介類、野菜などと煮込んでリゾットにすると洋風になるのと同じです。

これを服で考えると、白いシャツにパンツというベーシックな組み合わせにパールのネックレスとイヤリング、ヒール低めのプレーンパンプス、キレイめなバッグを合わせると、キレイめカジュアルが完成。モノトーンのシックな着こなしに、赤いヒールや個性的なバッグを合わせると一気に華やかに。

このように、アクセサリーひとつでエレガントにもカジュアルにも、雰囲気を自在に操れます。

↑同系色で揃えた「小物セット」のイメージ。コーデの味付けが時短に！

そして、小物をテイストごとにまとめて、スタイリングにかかる時間を大幅に短縮することができます。同様に、ナチュラルなテイストに合わせるバッグやジュエリーをひとまとめにしておけば、忙しい朝でもすぐに「今日はナチュラルな日」なコーデが即、完成。

こうしていざという時のファッション選びが楽しくなり、あなただけのスタイルがとてもスムーズに完成します。

おすすめは、バッグ、靴、ストールやスカーフなどを同系色でまとめた「小物セット」をあらかじめいくつか作ってお

くこと。これを「作りおき」しておくことで、一瞬でイメージを変えられるので、コーディネートのマンネリ化防止に役立ちます。たとえば、白いトップスにベージュのスカートという同じ組み合わせでも、小物セットの色を変えればベージュ系でエレガントに、レッド系でアクティブにと印象をガラリと変えられるのです。

同じ黒でも「黒のエレガント系小物セット」「黒のモード系小物セット」というように分けておくと、コーディネートにサササッと違った味付けができますよ。

差し色小物を買うときは、できれば同じ色の小物をほかにも揃えておくのがベター。ひとつだけだと実は「買ったけれど、結局使わなかった」ということになりがちなのですが、ほかにも小物が揃っていれば、コーディネートにぐっと取り入れやすくなるはずです。もうひとつ小物を買うのが難しいという場合は、ネイルやメイクの色を小物に揃えても素敵ですね。

カプセルコーデはとにかく「幸せな気分で過ごせるかどうか？」を考えながら作りましょう。「笑う門には福来たる」。笑顔の人には幸運を引き寄せる力が宿る

幸運を引き寄せる「10セットの服」

1 自分のライフスタイルに必要な10セット分のコーディネートの内容を決める(アクセサリー、靴、バッグも含めて考える)

2 「着回し」ではなく「セット」として考えるので、同じアクセサリー、パンツが何回登場してもOK!

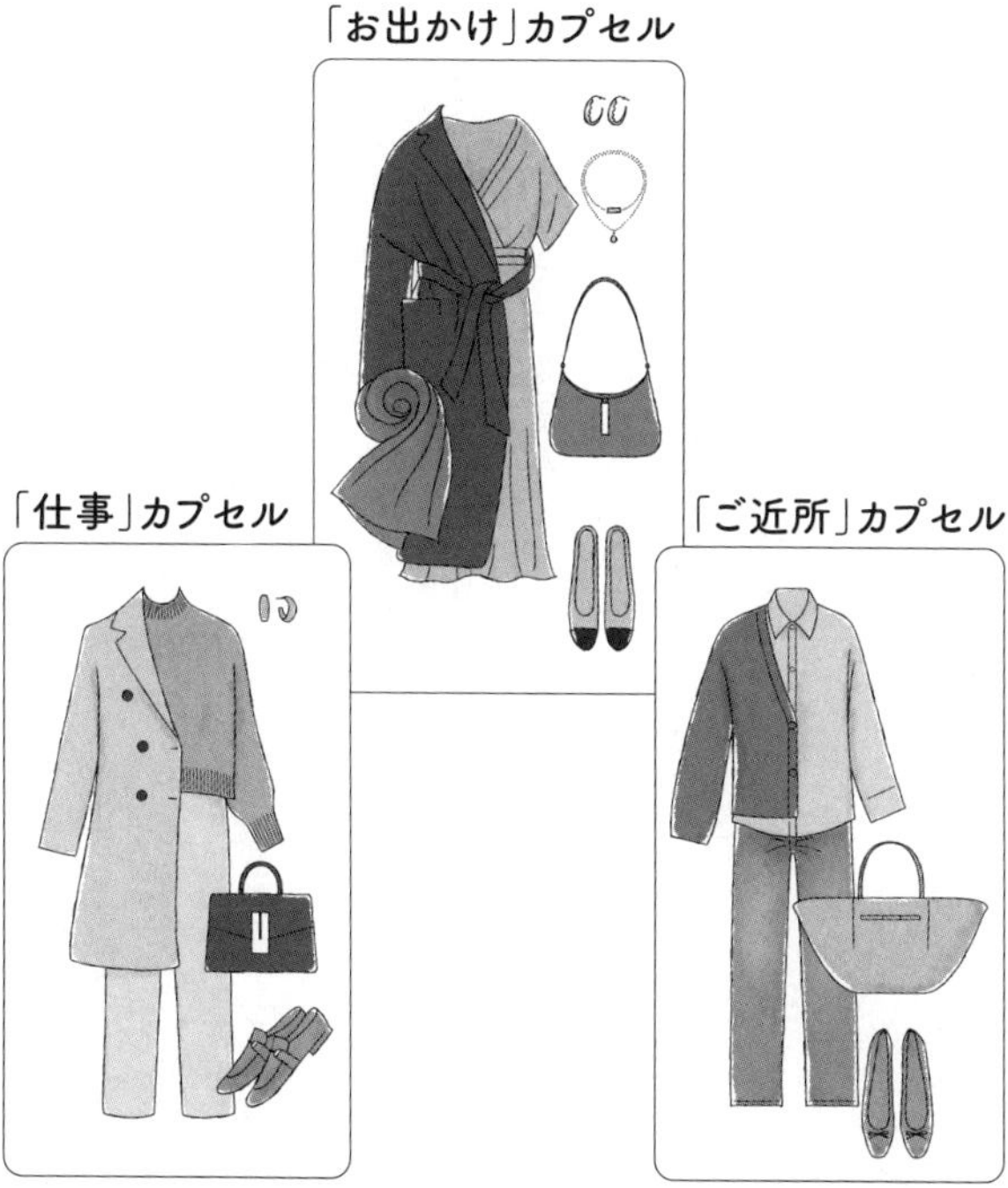

と思うからです。

ピンタレストで、「カプセルワードローブ」の前に「目的別」の服のテイストを加えて検索すると、参考になるコーデを見つけやすいはずです。たとえば、目的：仕事→「work capsule wardrobe」、季節：春→「spring capsule wardrobe」のように検索するとワクワク楽しめますよ。

そして、いざ実際にカプセルコーデをシミュレーションしてみると、

「あぁ、この服、高かったけど、イマイチしっくりこなくて、結局、似たような形のこっちのジャケットを着ちゃうんだよね」

「このブラウス、くたびれてもう着られないよね」

「このワンピース、ちょっと丈が自分の体型と合っていないかも」

「このカットソーは、顔色が悪く見えるから、着ていると気分が沈むんだった」

という服があると思います。

そういう服は、思いきって捨ててください。

大切なのは、「私らしい服」「これからも着ていきたい服」「コーデに欠かせな

いアイテム」以外は、クローゼットに入れておかないことです。その上で、

「船旅で着る素敵なワンピースが必要」

「カジュアルでキレイめなカットソーが少ない」

といった、具体的な〝気づき〟があると思います。


なお、カプセルコーデは、毎年新しいシーズンを迎えるたびに見直します。その時、次のような服がないかチェックしてみましょう。

・旬が過ぎたトレンド服
・傷んだ服
・1年以上着ていない服

こうした服はこまめに手放すと、**クローゼットに空間をキープできる上、自分の変化に合わせてワードローブも自然と〝新陳代謝〟させていくことができます。**

また、「新しい服を買ったら代わりに1枚手放す」というルールを作っておくと、〝服の量のリバウンド〟も防げるでしょう。

服の買い方・借り方・手放し方

◆服の買い方　～オンライン編～

　カプセルコーデを作るために、「必要な服」だけをリストアップします。その時も、いきなり買い物しないこと。

　あなたも日常的に利用していると思いますが、近年、インターネットでファッションの買い物をする人が増えています。ファッションサイトも多彩で、まるでファッション誌のような特集を組んで動画も使って服を紹介していますね。

　ですから私も、今どんなブランドが、どんなラインの服を出しているのか、価格帯はどうなのか、といったことをオンラインでチェックして、「バーチャル・コーディネート」をしています。

オンラインストアは実店舗よりも豊富な品揃えで、幅広い選択肢から自分らしいスタイルを探せるのもメリット。**サイズや色のバリエーションも細かく検索できるため、理想の一着を見つけるまでの時間は劇的に短縮され、効率的なショッピングが叶います。**

そして、忘れてはならないのは、レビュー機能。他の購入者の声を参考にしながら、安心して選べるのはオンラインならではの魅力でしょう。

試着サービスや返品対応の充実により、以前は不安に見られていたサイズ感や質感についても改善され、安心して購入できる環境が整っています。

このように便利さ、豊富な選択肢、安心感を備えたネットショッピングで、**自宅にいながら時間を優雅に活用して自分らしい一着を見つけてください。**

実は私のファッションセミナーで毎回必ず出る質問が、

「どう検索したら、自分の欲しい商品を探せますか?」

というもの。そこで、おすすめサイトや、失敗しない買い方を紹介します。

セール品も返品しやすく安心してお買い物できる	
ZOZOTOWN	圧倒的な品揃えで価格帯の幅も広い。セール品も返品可能な場合が多い。人気アパレルメーカーのアウトレットが見つけられる(EPOCA、ANAYI、TOMORROWLAND、ESTNATIONなど)。人気ブランドのセール品購入もお得。買った服を買い取ってくれるサービス、中古品販売もある。
マルイ ウェブチャネル	セール・アウトレット品もほぼすべて返品可能。マルイのオリジナルブランドシューズはサイズが豊富。
ロコンド	「自宅で試着、気軽に返品」が特徴。一度に複数の靴を頼んで試着できるうえ、返品やサイズ交換が返品送料を含め無料。自宅で試しばきができるシステムが便利。
DoCLASSE (ドゥクラッセ)	40代、50代向けのファッション通販サイト。商品企画・製造はもちろん、コールセンターや配送センターも内製化している点が特徴的で安心感あり。
ファッションリサーチに使える! トレンドを知る・欲しいアイテムを探す・コーデを参考にする時に	
アイルミネ	その年のトレンド傾向や人気ブランドの商品動向がわかり、リサーチに使いやすい。ただしセール品は返品できないので要注意。
ワールド	ファッション誌のような特集記事が多く、休日着やセレモニー服などシーン別にコーディネート見本を見つけやすい。
ベイクルーズ	コーディネート見本を見つけやすい。毎月の特集も細やかで、ファッション誌代わりになる。
ZARA	トレンド商品が豊富でセール品も返品可能。返品までの期間が発送日から30日以内と長いので、手持ちの服や購入予定の服とのコーディネートをじっくり考えやすい。
普段着・生活着はここをチェック!	
ユニクロ	素材・作りもよいベーシックな商品が豊富。
無印良品	素材がよく、価格のわりに質が高い。
ベルメゾンネット	顧客の声を反映したオリジナル商品をはじめ、高機能で生活に密着した低価格な商品が多い。

＼厳選／ おすすめECサイト＆チェックポイント

ECサイトでお買い物する前に、
3つのチェックポイントを確認しておきましょう。

Check1 返品（通常価格・セール商品）の可否と条件

・返品（セール品も含む）OKの場合、商品到着から何日以内か？
・返品送料は誰が負担するのか？

Check2 サイト運営会社は信用できるか

・商品トラブルにきちんと対応できるか？
・ユーザーレビューは信用できるか？
・商品が届かないなどトラブルの口コミはないか？
（とくに海外サイトはきちんと確認しましょう！）

Check3 商品説明やサイズ・素材表記はあるか

・とくに素材は画面だけではわかりにくいので「コットン95%　ポリエステル5%」などの表記を確認しましょう。
・「S/M/L」サイズはメーカーによって異なります。必ず「仕上がり寸法」をチェックして、大きさの確認をしましょう。自分にちょうどいい大きさの服を平らな場所に広げて「胸まわり・着丈・腕の長さ」を測って仕上がり寸法と比べ、目安にします。

POINT ファッション関連のサイトには「サイズガイド」があるので必ずチェックしておきましょう。

欲しい服（アイテム）を比較検討したい時

カーディガン　ピンク　丸襟　ふわふわ

【検索の手順】

①アイテム・色・形の特徴・素材を検索窓に入力して、検索しましょう。

＊アイテム：服の名前（カーディガン、ロングスカートなど）

＊色：色の名前（華やかなピンク、ネイビーなど）

＊形の特徴：丸襟、膝下丈、ストレートパンツ、ウエストゴムなど

＊素材：コットン、ウール、麻、ニット、もこもこ、ふんわり、つやつやなど

POINT

・素材の名前がわからない時は、手触りを表現する言葉を入力すると、欲しいアイテムに近い検索結果が出てきます。

・形容詞が具体的かつ多いほど、欲しいアイテムに近づくことができます。下記の一覧も参考にしてください。

・価格帯については欲しい商品を扱っているサイト内の検索窓に具体的な数字を入力しましょう。

検索キーワードの例

◆シーン・季節
カジュアルウェア
スポーツウェア
ビジネスウェア
オフィスカジュアル
フォーマルウェア
パーティーウェア
スマートカジュアル
スマートエレガント
春のファッション
夏のリゾートウェア
秋のコート
冬のアウターウェア
ワンマイルウェア

◆テイスト・印象
カジュアル
フォーマル
ボヘミアン
ストリートウェア
ヴィンテージ
モダン
クラシック
ミニマリスト
エレガント
フェミニン
モード

◆アイテム

トップス
Tシャツ
ブラウス
シャツ
セーター
ジャケット
ボレロ
パーカー
カーディガン
タンクトップ

ボトムス
ジーンズ
パンツ
スカート
ショーツ
レギンス
クロップドパンツ
ワイドレッグパンツ

スーツセット
ジャケット
パンツ
スカート
スーツセット

ドレス・ワンピース
ワンピース
カクテルドレス
イブニングドレス
パーティードレス
マキシドレス

ジャケット
テーラードジャケット
ノーカラージャケット
デニムジャケット
ライダースジャケット
ミリタリージャケット

コート
ブルゾン
ジャンパー
トレンチコート
ダッフルコート
Pコート
チェスターコート
ステンカラーコート
中綿コート
ノーカラーコート
フーデッドコート
ポンチョ

靴（シューズ）
スニーカー
ヒールシューズ
ブーツ
サンダル
フラットシューズ
ローファー
エスパドリーユ

アクセサリー
ネックレス
ブレスレット
イヤリング
ピアス
リング
財布

◆素材表現
もこもこ
ふわふわ
すべすべ
ざっくり
ふんわり
ゆったり
厚手
薄手
硬め

◆フィット感
大きめ
小さめ
長め
短め
ぴったり
ビッグ
タイト

◆ディテール表現
ギャザー
プリーツ
ドルマン袖
ボウタイ
直線
曲線

◆目的など
テニスウェア
ゴルフウェア
リゾートウェア
ホームウェア
スイミングウェア
ヨガウェア
トレッキングウェア
ワークウェア
キャンプウェア
ランニングウェア

\厳選/

検索テクニック&検索キーワード集

ファッション用語がわからない人もこの方法なら欲しい商品に
出合えます！　画像検索で出てくる服の名前を知ることで
商品探しのスピードが格段に早くなりますよ。

ファッション全体の傾向が知りたい／商品の名前を知りたい時

春　ファッション　2025

【検索の手順】

①「検索したい季節」「検索したい年号」「ファッション」を検索窓に入力し、画像検索をクリックしましょう。

②トレンドをまとめている特集ページの中で気になるものをチェックしてください。

POINT

・毎シーズン新しいトレンドアイテムが出るので、最初に上記のような言葉で検索すると、その年の傾向やトレンドのアイテム名を知ることができます。

・画像をクリックすると商品の呼び名（アイテム名）やコーディネートの解説を見られます。ブランドのECサイトでそのシーズンのおすすめコーディネート特集を見ることも可能です。

使用シーンが決まっている服（アイテム）を探したい時

同窓会　ホテル　3月　エレガント　ワンピース

【検索の手順】

①「使用シーン・目的」「場所」「季節」「テイスト」を検索窓に入力して、画像検索をクリックしましょう。

＊シーン・目的：何をする時に着るのか

＊場所：具体的な着用場所はどこか

＊季節：春・夏・秋・冬、1月・2月、などいつ着るのか

＊テイスト：どんな印象にしたいのか、エレガント・カジュアル・上品・さわやかなど

②画像の中から「いいな」と思うアイテムをクリック。商品の詳しい名前や価格などがわかります。

POINT

・購入前に商品説明とサイズ、カラー、素材、付属品を注意深く確認しましょう。

◆服の買い方　～リアル店舗編～

駅前の百貨店には、高級品や一流ブランド、品質のよい服、トレンドの洗練された服などが揃っています。

私がパーソナルスタイリングのご依頼を受けた際に、「キャリア女性のビジネス服」をご希望のお客様をお連れするのは、そごう横浜店です。また都内では、銀座三越、大丸東京店などはキャリアをお持ちの方にはおすすめです。

カジュアルでキレイめなプチプラ服は、ファッションビルや、郊外型モールにたくさん揃っています。昨今では、ワールドやオンワードといった老舗アパレルメーカーも、時流に合わせ、1万円以内でプチプラワンピースを購入できる、ファッションビルやモール用のブランドをたくさん立ち上げています。

オンラインショッピングは便利。でもリアル店舗には、オンラインにはない独自の魅力があります。特性をあらためて挙げてみます。

1. 体験と試着が可能

リアル店舗では、商品を実際に手に取り、試着できます。とくにファッションは、実際に手に取ってサイズ感や質感を確認できるのが醍醐味。通販でたまにある「思っていたのと違う」というギャップを防ぐことができます。

2. 即時性

リアル店舗での購入は、その場で商品を持ち帰ることができるため、急ぎの用事や急なプレゼントが必要な際にも対応できます。配送を待つ必要がないので、手に入れた服をその日のうちに着用できますよね。

3. 販売員のアドバイスが得られる

店舗のスタッフがいて、商品に関する専門的なアドバイスをその場で聞くことができます。コーディネートのバリエーションや素材の扱いなどのアドバイスが役に立ちます。

4. 感覚的な楽しさ

リアル店舗での買い物は、視覚や触覚だけでなく、全身で空間全体を楽しめます。ディスプレイや店内の雰囲気、商品陳列の美しさなど、ショッピングそのものを楽しむことができます。また、店舗内でアクセサリーや靴、バッグなどトータルでバランスをチェックすることも楽しいですよね。

5. 店舗との心のつながり

リアル店舗では、心のつながりを感じられます。小さなブティックや専門店では、オーナーやスタッフと親密な関係が築け、特別なアイテムや、刻印・刺繍などのカスタマイズサービスを提供されることも。行きつけのお店ができると、買い物時にアドバイスやお得な情報を気軽に聞くことができるでしょう。

6. 返品や交換が容易

返品や交換が必要な場合も、リアル店舗では手続きがスムーズ。レシートと商品をその場で確認し、すぐに対応してもらえるため時間や送料がかかりません。

大人世代になれば「お店へ買い物に出かけること自体が億劫《おっくう》」「買い物に着ていく服がない」といった本音もあるかもしれませんが、以上のポイントを押さえて、上手に使いこなしたいものです。

◆服の借り方

ファッションのレンタルサービスといえば、従来は冠婚葬祭用の式服などがメインでしたが、近年ではＳＤＧｓの流れで、レンタルが大きく変わりました。「ファッション・サブスクリプション」と呼ばれ、固定料金を支払い、定期的に服やバッグやアクセサリーを必要な期間だけレンタルすることができるサービスが盛んになっています。

ひとつのアイテムが多くの人に利用され、製品の寿命が延びます。これにより、生産量が減り、資源のムダづかいを減らすことができます。

ファッションのサブスクリプションは、トレンドのスタイルを手軽に試せるのも大きな魅力。普段はあまり手に取らないようなデザインや色合いのアイテムにも挑戦しやすくなります。また、定価では手が出しにくい一流ブランドのバッグを月額制で使い放題といったサービスや、百貨店ブランドの服の中からあなたに似合う服をパーソナルスタイリストが選んでくれるといったサービスもあります。

一般的に、「服を買う」場合は、一度の買い物でまとまった金額が必要になることも多いですが、サブスクでは定額料金で複数のアイテムをレンタルできることで、購入するよりも費用を抑えることが可能です。

また、定期的に旬のアイテムやトレンドアイテムをチョイスしてお届けしてくれるので、まずはレンタルしてみて実際に「欲しい」「迎え入れたい」と思えた

＼厳選／

おすすめファッション・サブスク

ファッション・サブスクは、おもに3つのポイントをチェック。
各社HPも参考に、自分に合うプランを選んで活用しましょう。

Check
①借り放題プランがある
②スタイリストがいる
③返却時にクリーニングが不要

エアークローゼット（服、アクセサリー）	自分に合わせた専用コーデが借り放題。300以上のブランドを取り扱い、ユニクロ、GU全商品を対象に1年中受付。アクセサリーのレンタルも可能で、洋服とのトータルコーディネートが叶う。
アナザーアドレス（ハイブランドの服、百貨店ブランドの服）	大人の女性にピッタリの高品位なアイテムを多数取り扱う。ハイブランドの服が月額5940円からレンタル可能。気に入ったアイテムは会員価格でお得に買い取り可能。
ブリスタ（特別な日の服）	特別な日、記念日などのためのコーディネートに定評あり。借りる必要がない月は、利用ポイントが繰り越されてムダがない。短期プランなども用意されている。
ラクサス（ハイブランドのバッグ）	ルイ・ヴィトン、シャネル、ディオールなど約4万種類ものブランドバッグを、月額1万780円から借り放題。何度も交換できるのがメリット。本物保証付きで安心。

アイテムだけを、「あとから」買い取ることができるのもうれしいポイント。ムダなく効率的にワードローブを整えることができます。

最初から新しい服を購入する必要がないため、クローゼットが服でいっぱいになる心配がなく、環境への負荷も軽減できるというわけです。

それに、自分の新たな魅力を発見するきっかけとなり、マンネリ解消にもつながるでしょう。

サブスクは、ファッションに関する煩《わずら》わしさやリスクを減らし、自分を自由に表現する手助けとなってくれる、とても便利なシステム。信頼できる運営企業や丁寧なサービスを選べば、ファッションの質を落とさず、心から満足できるアイテムを楽しむことができます。私も、必要に応じて活用しています。

\Check/ おしゃれをサステナブルに楽しむ

大量生産・大量消費・大量廃棄は重要な社会課題。
これからもずっとおしゃれを楽しんでいけるように、
循環型ファッションへの理解は深めておきたいものです。
私のセミナーでも皆さんに広くお伝えするようにしています。

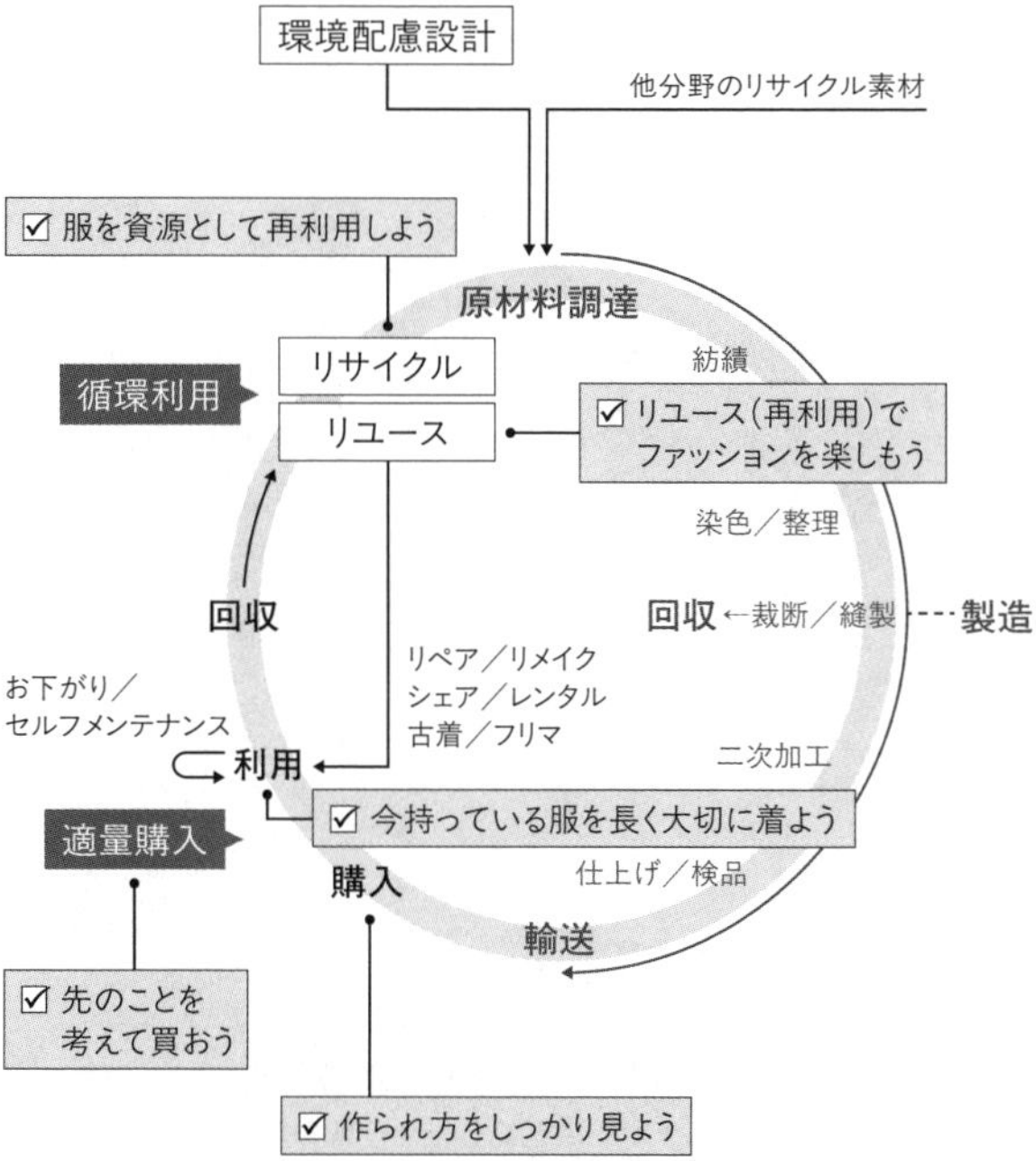

■出典：環境省『SUSTAINABLE FASHION これからのファッションを持続可能に』
「生活者ができること」より抜粋
https://www.env.go.jp/policy/sustainable_fashion/

◆服の手放し方

クローゼットを見て、「これ、もうしばらく着てないな……」と思う服は思いきって手放しましょう。心の整理につながり、SDGsへの貢献になります。

手放す方法として、スタンダードとなりつつあるのがオンラインフリーマーケット。メルカリやラクマです。スマホアプリで簡単に出品でき、多くの人があなたの商品を見てくれます。わかりやすい説明を書くだけで、家にいながら気軽に売り買いができます。スマホの操作に慣れていない方でも、ガイドが充実しているため安心です。

次に、リサイクルショップや委託《いたく》販売店を利用する方法もあります。

これらのお店に持ち込むと、スタッフがアイテムを査定し、販売を代行してくれるため、忙しい方にとって便利です。状態のよい服であれば高値で買い取ってもらえることもあります。

またフリーマーケットやコミュニティバザーも要チェック。地元で開催されるイベントに参加すれば、来場者と直接コミュニケーションしながら販売できます。誰かの手に渡り、環境にも財布にも優しい「リユース」は、ただ安価な選択肢というわけではありません。売るだけではなく、他の人が出品した服を自分が買うことで、新しいファッションに気軽にチャレンジすることもできます。

ただし、オンラインでリユースを検討する際、いくつか注意しておきたいポイントがあります。セミナーの受講生から悲しい相談を受けることも多いので、以下に注意して、トラブルなく気持ちよく循環型ファッションを楽しみたいものです。

1．信頼できるプラットフォームを選ぶ

オンライン上にはたくさんのリサイクル中古品販売サイトがあります。評判やレビューをチェックして信頼できるサービスを利用しましょう。認証マークや公式の安全基準を満たしているか確認することも大切です。

2. 商品の状態を確認

中古品は新品と違って使用状況が異なるため、詳細な写真や説明が掲載されているものを選びましょう。購入前に傷や汚れなどの状態について、質問を積極的に行なうこともおすすめです。

3. 個人情報の取り扱いについて

取引時には個人情報を提供する場面があります。個人情報の取り扱いが適切であるか、プライバシーポリシーを確認してから取引を進めることが重要です。とくに個人間取引の際は、信頼できる支払い方法やメッセージの管理体制にもご注意ください。

4. 返品・交換ポリシーの確認

購入後に問題があった場合に、返品や交換が可能かどうかは非常に重要です。サイトの規約や保証がどのようになっているか、トラブルを回避するために事前に確認しておきましょう。

5. 適正価格の判断

価格が適正であるかどうかも大事です。あまりにも安い場合は、偽物や詐欺のリスクがあるので注意が必要です。市場価格や同様の商品と比較して相場を知ることで、安心して取引を進められます。

ほかには、古着を寄付するという方法もあります。NPO法人や市民団体を通じて送る方法、また児童養護施設や孤児院に直接送る方法など様々ですが、重要なのは寄付した衣類がどのように活用されているかを知った上で、納得できる寄付先を選ぶことです。

また、出番の少なくなった服は、「リメイク」という再生方法も。

とくに「和服リメイク」は、伝統美と現代のスタイルを絶妙に融合させる、今注目のサステナブルファッションです。あなたのタンスに眠る着物や帯を、唯一無二のドレスや小物として新しく生まれ変わらせることができます。

古典柄ならではの華やかさがありながら、現代的なシルエットで着こなしやすい着物ドレスや、金箔《きんぱく》や鮮やかな色が美しい西陣織の帯を使ったバッグなど、和の風情を日常に取り入れられるアクセントアイテムとして最適です。

宝石リメイクもおすすめ。家族などから受け継いだ指輪やネックレスを、ブローチやピアスにと、宝石の美しさとともに、思い出や愛情を未来へとつむぐことができるのも魅力です。

信頼できる職人さんを探して、相談しながらデザインを考えていくプロセスも楽しいはず。職人さんが1点ずつ丁寧に仕上げた唯一無二のアイテムは、より愛着を持って長く使えると思います。

伝統・歴史を大切にしながら個性を表現できる「リメイク」は、遊び心のある大人世代こそ、ぜひ取り入れたい選択肢です。

＼厳選／

要らない服を「手放す」方法

不要な服をゴミとして廃棄してしまう前に……。
各種サービスを賢く使いこなして、環境にも財布にも優しく！
スッキリしたクローゼットに、また“幸服”が舞い込んでくるはず。

売る（フリマアプリ）	
メルカリ	個人が簡単にモノの売り買いを楽しめるフリマアプリ。AIによる不正の監視や独自の入金システムにより、誰でも安心・安全な取引が行なえる。配送方法が充実している点も特徴。
ラクマ	楽天が運営するフリマサービス。楽天IDをラクマのユーザーIDとして使用でき、楽天ポイントや楽天キャッシュへのチャージなど、楽天グループのサービスをよく使う人におすすめ。

売る（オンライン買い取りサービス）	
ZOZOTOWN「買い替え割」	ZOZOTOWNによるブランド古着買い取りサービス。以前ZOZOTOWNで購入したアイテムを下取りして、新しく欲しい服を割引価格で購入できる。

売る（リサイクルショップ）	
セカンドストリート	大手リサイクルショップ。洋服（古着）・バッグを中心にブランド品、家具、家電製品まで幅広い商品をラインナップする。オンラインストアもある。

寄付する	
日本救援衣料センター	認定NPO法人。寄付された衣料品を世界各地の難民や被災者などに寄贈する活動を行なっている。
古着deワクチン	不要な衣料品を回収し、カンボジアでリユース品として販売・再輸出。その代金で開発途上国の子どもたちにポリオワクチンを届ける。

自分の今の気分にマッチするファッションタイプを
深層心理でチェックしてみましょう。
ネットショッピングの検索キーワードにも役立つかも♪

A モード

**洗練／最先端／個性的／
磨き抜かれた／バランス感覚**

トレンドを意識したモダンな服。適度に流行が取り入れられ、都会的な印象を与える洗練素材がおすすめ。

B アクティブ

**明るい／エネルギッシュ／
元気／気さく**

動きやすく着心地のいい服や、活動しやすく明るい印象を与える服。高機能素材で扱いやすい服もおすすめ。

C カジュアル

**着心地のいい／疲れない／
清潔感／気楽な**

基本の形状を守りながらも、シルエットや素材を現代的に進化させた聡明な印象の服がおすすめ。

D ベーシック

**基本の／シンプル／清潔感／
クセがない／合わせやすい**

ムダのない基本の形。シンプルですっきりしたアイテム。明るい色の服がおすすめ。

E エレガント

**上品／しなやか／華やか／
優美／フェミニン／柔らかい**

ドレープやカッティングが美しい上品な印象の服。しなやかさや光沢感のある素材の華やかな服がおすすめ。

F ナチュラル

**心地よい／自然／気取らない／
飾らない／穏やかな**

手刺繍やビーズ、フリンジなどのエスニックな小物や、天然素材で作られた肌触りの優しい服がおすすめ。

＼特別付録／

今、どんなムード？ チャートでわかる 今日のあなたに幸運を引き寄せる服

START

1 「美人」と言われるより「魅力的」と言われたい Yes→2 No→3	**2** 自分磨きのためなら時間を惜しまない Yes→4 No→5	**3** 旅行に行くならハワイより、ローマ Yes→6 No→5
4 後輩から慕われることが多い Yes→7 No→10	**5** ヨガよりジョギングが好き Yes→12 No→14	**6** 平穏無事より、波瀾万丈な人生に憧れる Yes→8 No→9
7 プライベートも仕事もバランスよく過ごしたい Yes→12 No→14	**8** 個性的と言われたい or 親しみやすいと言われたい 個性→11 親しみ→15	**9** 好きなことには時間もお金も投資する Yes→13 No→11
10 グループの中ではリーダー的な存在 Yes→14 No→15	**11** 感覚よりも理論派 Yes→C No→A	**12** パフォーマンスするより、審査員になりたい Yes→E No→B
13 英語は海外留学より、個人レッスンで学びたい Yes→A No→B	**14** 直接話すよりメールのほうが好き Yes→E No→B	**15** ボランティア活動のために休日を使うことがある Yes→F No→D

おわりに

ファッションも、私たちも、時代とともに変化する

本書『何を着るかで人生は変わる』は、私の2冊目の単行本を文庫化したもので、拙著の中で一番好きな本です。

今回、文庫化するにあたって単行本を久しぶりに読み返してみると、この10年でファッション業界が激変し、コロナ禍以降は「コンサバ」が失速して「カジュアル化」が急激に進んだことをあらためて実感しました。

「ファッションの楽しみ方は人それぞれ」
「もっと自由におしゃれを楽しんでいい」

そういった柔軟で優しいムードが、世の中全体に広がっていると感じます。

そんな中、私自身が読者のみなさまにお伝えしたいことも大きく変わりました。

なぜなら、50代を過ぎて60代を迎えた今、私自身のファッション観も大きく変わり、「流行やトレンド」との距離が以前よりも遠くなり、「無理せず、品よく、心地よく」過ごせる服がもっとも今の自分らしいと考えるようになったのです。

50代を過ぎて通い始めたベトナム料理教室の心から楽しめる友人たちや、スポーツクラブでお会いする70代の素敵な先輩たち。

みなさん、ひと目で「○○さんらしいなぁ」というスタイルがあり、それぞれが無理なくおしゃれを楽しんでいます。

ファッションが、時代や流行とともに少しずつ変わっていくように、私自身もファッションの楽しみ方が変わったのです。

「人生100年時代」といわれるようになり、まだまだ先は長いのです。時代の流れとともに変わっていく自分自身のライフスタイル、ファッションも、私たちの人生の一部であり、身につける服や小物もまた変わっていきます。

私には食器や生活雑貨など、まだまだ手をつけられていないジャンルがあります。要らない服をバッサリと捨てられたように、これからはもっともっと身軽になって、軽やかにアクティブに人生を楽しんでいこうと思っています。

「人生の後半、要らないモノをバッサリ捨てて、身軽になる」

これが今の目標です。

カプセルコーデを完成させて、大量の服を手放したことで、大切な気づきが山ほどあったのです。

私が主宰するセミナーでも、「少ない服で品よくおしゃれなカプセルコーデの作り方」という、カジュアルコーデの講座がたいへん好評です。
講座修了時の受講生のみなさんからのお声が毎回励みになり、これからもファッション迷子のみなさんを救っていきたいと、切に願っています。

そんな私の思いに深く賛同してくださった三笠書房のみなさま、そして本書を手に取ってくださり、最後までお読みいただいた読者のみなさま、ありがとうございます。本当にうれしいです。

あなたのライフスタイルはいかがですか？
ファッションの不安はありませんか？
悩んでいる時間はもったいない！　ならば実行しかありません。
ぜひ、本書をヒントに試してみてください。
もっと極めたくなったら、いつでもセミナーに遊びにいらしてください。

あなたのこれからの人生が、さらに楽しく、素敵なファッションとともにありますように……！

人生は、今日から何を着るかで、変えられます。

感謝と愛を込めて

しぎはらひろ子

本書は、小社より刊行した単行本を、文庫収録にあたり加筆・改筆・再編集したものです。

何《なに》を着《き》るかで人生《じんせい》は変《か》わる

著　者　しぎはらひろ子（しぎはら・ひろこ）
発行者　押鐘太陽
発行所　株式会社三笠書房
〒102-0072 東京都千代田区飯田橋3-3-1
https://www.mikasashobo.co.jp
印　刷　誠宏印刷
製　本　ナショナル製本

ISBN978-4-8379-3108-9　C0130

本書へのご意見やご感想、お問い合わせは、QR コード、
または下記 URL より弊社公式ウェブサイトまでお寄せください。
https://www.mikasashobo.co.jp/c/inquiry/index.html

王様文庫

「運のいい人」は手放すのがうまい

大木ゆきの

こだわりを上手に手放してスパーンと開運していくコツを「宇宙におまかせナビゲーター」が伝授！　◎心がときめいた瞬間、宇宙から幸運が流れ込む　◎「思い切って動く」とエネルギーが好循環……心から楽しいことをするだけで、想像以上のミラクルがやってくる！

気くばりがうまい人のものの言い方

山﨑武也

「ちょっとした言葉の違い」を人は敏感に感じとる。だから……　◎自分のことは「過小評価」、相手のことは「過大評価」　◎「ためになる話」に「ほっとする話」をブレンドする　◎「なるほど」と「さすが」の大きな役割　◎「ノーコメント」でさえ心の中がわかる

週末朝活

池田千恵

「なんでもできる朝」って、こんなにおもしろい！　○「朝一番のカフェ」の最高活用法　○今まで感じたことがない「リフレッシュ」　○「できたらいいな」リスト……週末なら、時間も行動も、もっと自由に組み立てられる。心と体に「余白」が生まれる59の提案。

K30673